Basiswissen

Politik / Geschichte / Ökonomie

Florian Grams

Die Pariser Kommune

PapyRossa Verlag

3. Auflage 2021
2., durchgesehene Auflage 2019

Luxemburger Str. 202, D-50937 Köln

Tel.: +49 (0) 221 – 44 85 45
Fax: +49 (0) 221 – 44 43 05
E-Mail: mail@papyrossa.de
Internet: www.papyrossa.de

Druck: Interpress

Die Deutsche Bibliothek verzeichnet diese Publikation in der Deutschen Nationalbibliografie; detaillierte bibliografische Daten sind im Internet über http://dnb.d-nb.de abrufbar

ISBN 978-3-89438-530-9

Inhalt

I. Einleitung

> »[...] diese jetzige Erhebung von Paris – wenn auch unterliegend vor den Wölfen, Schweinen und gemeinen Hunden der alten Gesellschaft – ist die glorreichste Tat unserer Partei seit der Pariser Juni-Insurrektion. Man vergleiche mit diesen Himmelsstürmern von Paris die Himmelssklaven des deutsch-preußischen heiligen römischen Reichs mit seinen posthumen Maskeraden, duftend nach Kaserne, Kirche, Krautjunkertum und vor allem Philistertum.«
>
> *Karl Marx*[1]

Die Pariser Kommune von März bis Mai 1871 hat immer wieder Menschen in ihren Bann gezogen. Für die einen ruft sie tiefsitzende Revolutionsangst wach, für die anderen ist sie die Vorbotin einer befreiten, basisdemokratischen und sozialistischen Gesellschaft. Karl Marx legte unmittelbar nach der Zerschlagung der Kommune mit der Broschüre *Der Bürgerkrieg in Frankreich* seine Darstellung und Interpretation der Pariser Ereignisse vor. Dieses Werk gilt als eine seiner einflussreichsten Schriften. In ihr würdigte er die Leistungen der Kommunardinnen und Kommunarden, benannte aber zugleich ihre Schwächen und Defizite. Auf diese Weise setzte er den Himmelsstürmern von Paris ein Denkmal und entwarf zugleich die Skizze für einen zukünftigen Aufbau des Sozialismus. Im

1 Marx, Karl: Brief an Ludwig Kugelmann vom 12.4.1871. In: Marx/Engels: Werke, Bd. 33 (=MEW 33). Berlin/DDR, S. 206.

Anschluss an Marx befassten sich Politiker, Schriftsteller und bildende Künstler mit den Erfahrungen der Pariser Kommune. In ihrer Mehrheit folgten sie dabei mehr der Marxschen Interpretation als der historischen Wirklichkeit des Jahres 1871. Insbesondere durch Lenin entstand so eine Art Negativfolie mit den Schwächen der Kommune, die beim sozialistischen Aufbau in der Sowjetunion zu vermeiden wären. Zwar war sich Lenin des radikaldemokratischen Anspruchs der Kommune bewusst und hieß ihn auch in der Auseinandersetzung um den revolutionären Prozess gut, doch ging dieser Anspruch in der folgenden Entwicklung der Sowjetunion immer mehr verloren. Die Pariser Kommune wirkte also stärker durch ihre Interpretation als durch ihre konkrete historische Existenz.

Bei der Arbeit am vorliegenden Text wurde schnell klar, dass es bei Basiswissen über die Pariser Kommune zuerst einer genaueren Schilderung der historischen Ereignisse bedarf, auf deren Grundlage auch die Rezeption zu überprüfen ist, um schließlich eigene Schlüsse aus beidem ziehen zu können. Eine solche Bearbeitung des Themas wirft indes methodische Probleme auf: Auf den ersten Blick ist die Zeitspanne der 72 Tage der Kommune kurz und die Quellenlage übersichtlich. Es ist daher durchaus möglich, eine Chronologie der Ereignisse zu schreiben, die sich im Wesentlichen an den Texten der Kommunarden Prosper Lissagaray und P. L. Lavrov orientieren könnte. Schaut man jedoch genauer hin, dann beschreiben diese Autoren die Pariser Abläufe zwar sehr gründlich, setzen aber Kenntnisse über die Geschichte Frankreichs und der Arbeiterbewegung voraus, die nicht ohne weiteres als gegeben angenommen werden können. Hinzu kommt, dass sie die der Kommune folgenden Debatten über deren Erbe natürlich noch nicht haben reflektieren können. Gleiches gilt für den vielfältigen Niederschlag, den die Pariser Kommune in der

Literatur fand. Alle diese Aspekte zumindest zu streifen, war – neben der Schilderung der Ereignisse – daher die Aufgabe, die es beim Schreiben dieses Textes zu lösen galt.

Selbstverständlich basiert der hier vorliegende Text auf der Verarbeitung von Quellen und Sekundärliteratur, die in breitem Umfang genutzt wurden. Allerdings hätte die Erstellung eines vollständigen wissenschaftlichen Apparats den zur Verfügung stehenden Rahmen gesprengt. Einzig aus diesem Grund wurde darauf verzichtet, alle Fundstellen nachzuweisen. Doch die wörtlichen Zitate werden im Text belegt. Das ist das Mindestgebot wissenschaftlicher Sorgfalt.

Der Charakter einer Einführung erzwingt durch seine knappe Form auch eine strikte Eingrenzung bei der Behandlung von inhaltlichen Facetten. Aus diesem Grunde folgt die Darstellung den großen Linien der Entwicklung der Pariser Kommune, ohne auf jede einzelne Aktion der Kommunardinnen und Kommunarden einzugehen. Dieses Herangehen ermöglicht es, das Ereignis im historischen Kontext wiederzugeben, die Debatten, Folgen und Lehren aus der Kommune zu diskutieren und auf ihre Aktualität hin zu überprüfen. Auf der anderen Seite müssen dadurch viele Details und insbesondere die Leistungen einzelner Menschen ungenannt bleiben. Als Beispiele für das persönliche Engagement von Einzelpersonen in der Kommune und gleichzeitig für den großen Stellenwert, den die Kunst in ihr hatte, sollen hier nur die Namen zweier Kommunarden genannt werden: Der des Dichters der *Internationale* Eugène Pottier und jener von Gustave Courbet, des Malers des frühen Realismus. Letzterer war Mitglied des Rates der Kommune und Direktor für Kulturangelegenheiten. In diesem Amt oblag ihm der Schutz der Kunstwerke der Pariser Museen. Er brachte sich aber auch in die Planungen für ein revolutionäres Bildungswesen ein und forderte wiederholt den Abriss der Vendôme-Säule. Dass sein Werk und wie auch das anderer hier nicht eingehender betrachtet wird, entspricht vor allem seiner Überzeugung, dass die Pariser Kommune mit den Privilegien einzelner Personen aufgeräumt habe: »[...] es gab nur noch Geschäftsträger und der Mensch regierte sich selber.«[2]

Dass in Paris diese radikaldemokratische Selbstregierung der bis dahin Subalternen gelang, macht die Pariser Kommune zu einem wichtigen Meilenstein in der Geschichte der Arbeiterbewegung. Die hier mitunter deutlich geäußerte Kritik an Beschlüssen und Praktiken der Kommunardinnen und Kommunarden ist daher in keinem Fall eine bequeme Abgrenzung von ihnen, sondern geschieht in dem Bestreben, aus den Erfahrungen der Kommune Ansatzpunkte für eine politische Praxis des 21. Jahrhunderts zu gewinnen. Dabei folge ich der Überzeugung Lissagarays, Zeitzeuge und Teilnehmer der Pariser Commune, die er seiner *Geschichte der Commune* vorangestellt hat:

> »Wenn der Streiter von morgen die gestrige Schlacht nicht von Grund aus kennt, so wartet dasselbe Blutbad auf ihn. Unter solchen Umständen ist Schmeicheln gleichbedeutend mit Verrathen. Wer dem Volke falsche Revolutionslegenden erzählt und es – ob vorsätzlich oder aus Unwissenheit – durch Geschichtsdithyramben täuscht, ist ebenso strafbar, wie der Geograph, der falsche Karten für die Seefahrer entwerfen würde.«[3]

Im Anschluss daran möchte dieses Buch den Pariser Himmelsstürmerinnen und Himmelsstürmern deshalb kein Denkmal setzen, sondern vielmehr im eigentlichen Sinne ein Denk-Mal sein.

---

2 Courbet, Gustave: Republik, Empire und Commune. In: Herding, Klaus: Realismus als Widerspruch – Die Wirklichkeit in Courbets Malerei. Frankfurt/M. 1978, S. 37.

3 Lissagaray, Prosper: Geschichte der Commune von 1871. Frankfurt/M. 1971, S. 5.

II. Zur Vorgeschichte der Kommune

> »Die Menschen machen ihre eigene Geschichte, aber sie machen sie nicht aus freien Stücken, nicht unter selbstgewählten, sondern unter unmittelbar vorgefundenen, gegebenen und überlieferten Umständen.«
>
> *Karl Marx*[4]

Der historische Ort der Pariser Kommune vom Frühjahr 1871 liegt zwischen dem Sturm auf die Bastille im Juli 1789 und dem Sturm auf das Winterpalais im Petrograd des Jahres 1917. Dementsprechend wird in der wissenschaftlichen Literatur immer wieder erörtert, ob die Kommune ein Nachspiel der Großen Französischen Revolution war oder ob es sich bei ihr um einen Vorschein der sozialistischen Revolution gehandelt habe. Die Beantwortung dieser umstrittenen Frage setzt ein Verständnis der damals aktuellen gesellschaftlichen Kräfteverhältnisse voraus, die von der von Karl Marx formulierten Erkenntnis ausgeht, dass die Menschen ihre Geschichte auf der Grundlage von vorgefundenen und überlieferten Umständen machen.

Die Überzeugung von Karl Marx, es habe sich bei der Französischen Revolution von 1789 um eine bürgerliche Revolution gehandelt, war nicht der Ausdruck einer teleologischen Sicht, sondern Ergebnis einer Analyse der Entwicklung der Produktivkräfte und der damit wirkmächtigen Interessen. Am Beispiel der Auseinandersetzungen im revolutionären Frankreich machte er deutlich, dass sich am Ende der Revolution schließlich die Interessen der Bourgeoisie durchgesetzt haben. Dabei datierte er die Revolution auf die Zeitspanne von 1789 bis 1814 und begriff damit auch die Ära Napoleons I. als Teil der Französischen

4 Marx, Karl: Der achtzehnte Brumaire des Louis Bonaparte. In: MEW 8, S. 115.

Revolution. In dieser Phase sei es – so Engels – der Bourgeoisie gelungen, sowohl den Feudaladel als Klasse zu zerschlagen und gleichzeitig ihre eigene Herrschaft durchzusetzen. Als Ausdruck dieses grundlegenden Erfolgs der französischen Bourgeoisie gelten sowohl die Garantie des Privateigentums als unveräußerliches Menschenrecht, wie auch die Kodifizierung des bürgerlichen Rechts im Code Napoleon. Trotz aller Veränderungen in den staatlichen Strukturen Frankreichs wurden weder die Allgemeine Erklärung der Menschenrechte noch das Bürgerliche Gesetzbuch in Frage gestellt. Insoweit war die Revolution eine bürgerliche Revolution, die ihre historische Mission erfüllte, auch wenn sie ihre ideologischen Postulate von Freiheit und Gleichheit nur im Rahmen der kapitalistischen Verwertung gewähren konnte und wollte. Im *Kapital* konfrontierte Marx die Forderungen des französischen Menschenrechtskatalogs mit der kapitalistischen Wirklichkeit und stellte fest:

> »Die Sphäre der Zirkulation oder des Warentausches, innerhalb deren Schranken Kauf und Verkauf der Arbeitskraft sich bewegt, war in der Tat ein wahres Eden der angeborenen Menschenrechte. Was allein hier herrscht, ist Freiheit, Gleichheit [...]! Freiheit! Denn Käufer und Verkäufer einer Ware, z. B. der Arbeitskraft, sind nur durch ihren freien Willen bestimmt. Sie kontrahieren als freie, rechtlich ebenbürtige Personen. [...] Gleichheit! Denn sie beziehen sich nur als Warenbesitzer aufeinander und tauschen Äquivalent für Äquivalent.«[5]

Entsprechend dieser Analyse konnten Marx und Engels schon in der *Heiligen Familie* feststellen, die Interessen der Bourgeoisie seien in der Revolution der Jahre nach 1789 weit davon entfernt gewesen, verfehlt zu sein, denn sie habe alles gewonnen. Doch war in der Sicht von Marx und Engels die Revolution zwangsläufig verfehlt für die Masse derjenigen, die mit der Revolution die Hoffnung auf ihre Emanzipation verbanden, jedoch von der

5 Marx, Karl: Das Kapital. In: MEW 23, S. 189f.

Bourgeoisie unterschiedene Interessen gehabt haben. So selbstverständlich diese Aussage klingt, so wichtig ist sie zugleich, weil sie den Blick darauf richtet, dass die Französische Revolution – anders als etwa die englische Revolution von 1648 oder die Durchsetzung kapitalistischer Produktionsverhältnisse durch die so genannte Revolution von oben im historischen Umkreis der Reichsgründung in Deutschland – auf die politische Aktion des Kleinbürgertums und des entstehenden Proletariats angewiesen war. Es war Nicos Poulantzas, der auf diesen Umstand hinwies und der Französischen Revolution bescheinigte, sich selbst abwechselnd vorausgeeilt und hinterhergehinkt zu sein, weil sie stets zwischen der Durchsetzung der kapitalistischen Produktionsverhältnisse und der Bindung der Kleinproduzenten und Bauern gegen das entstehende Proletariat geschwankt habe.

Folgt man dieser Sichtweise Poulantzas', dann eröffnet sich eine Perspektive auf die weitere Entwicklung der französischen Klassengesellschaft nach der Krönung Napoleons I. zum Kaiser und dem damit verbundenen und postulierten Ende der Revolution. Im Anschluss an Überlegungen von Antonio Gramsci wäre die Herrschaft Napoleons I. dann als eine Form des Cäsarismus zu beschreiben, die von einem katastrophenhaften Gleichgewicht der Klassenkräfte geprägt sei. In den Blick geraten auf diese Weise die Widersprüche zwischen der Großbourgeoisie auf der einen Seite und den noch immer wirksamen Kräften der aristokratischen Konterrevolution, die sich ihrerseits auf weite Teile der Kleinbauern stützen konnten, auf der anderen Seite. In dieser für sie bedrohlichen Situation verzichtete die Bourgeoisie auf einen Teil ihrer politischen Macht und legte sie in die Hände Napoleons, der sie – wie gezeigt – in ihrem Interesse verwaltete. Für Gramsci stellte die Herrschaft Napoleons I. einen fortschrittlichen Cäsarismus dar, weil er den damals fortschrittlichen kapitalistischen Produktionsverhältnissen zum Durchbruch verhalf. Gleichwohl verwundert die Einschätzung von Poulantzas nicht, dass diese Trennung von politischer und ökonomischer Macht in der Phase des ersten französischen Kaiserreichs und die zeitweise Rückkehr der Bourbonen auf den französischen Thron zwischen 1799 und 1848 zu einem eigentümlichen Übergewicht der Kleinproduktion in Frankreich geführt habe, die wiederum eine politische Schwächung der Bourgeoisie in der Auseinandersetzung mit der erstarkenden Arbeiterbewegung zur Folge hatte.

Die Arbeiterbewegung indes war damals noch kaum zu eigenständigen politischen Aktionen fähig. Zwar waren es im Jahre 1830 in erster Linie Arbeiter und Kleinbürger, die bewaffneten Widerstand gegen einen Verfassungsbruch des Königs Karl X. und die damit verbundene Einschränkung der Pressefreiheit leisteten, doch durch die Abdankung des Königs und die Inthronisierung des so genannten Bürgerkönigs Louis-Philippe ließ sich die Monarchie als konstitutionelle noch einmal retten. Als Frankreich jedoch in den Jahren nach 1845 von einer tief greifenden Wirtschaftskrise erfasst wurde, die vor allem die Industriebourgeoisie bedrohte und sie in Opposition zur Handelsbourgeoisie brachte, war die Monarchie des Bürgerkönigs nicht mehr zu retten. Wieder waren es die ärmsten Teile der Bevölkerung, die den Bürgerkönig im Februar 1848 vertrieben und – wie Marx schrieb – der dann gebildeten provisorischen Regierung die Ausrufung der Republik diktierten. Mit diesem Akt gelang es dem französischen (oder genauer: dem Pariser) Proletariat zum ersten Mal, als eigenständige politische Kraft in Erscheinung zu treten. Marx schrieb, das Proletariat habe in der Februarrevolution das »Terrain für den Kampf um seine revolutionäre Emanzipation, keineswegs diese Emanzipation selbst«[6] erobert. Die Republik, die aus der Revolution vom Februar hervorging, musste

6 Marx, Karl: Die Klassenkämpfe in Frankreich 1848 bis 1850. In: MEW 7, S. 18.

jedoch zunächst, so schreibt Marx weiter, »die Herrschaft der Bourgeoisie vervollständigen, indem sie neben der Finanzaristokratie sämtliche besitzenden Klassen in den Kreis der politischen Macht eintreten ließ.«[7] Doch damit war der Boden bereitet für den kommenden Kampf zwischen Kapital und Arbeit.

Die politische Aktivität des Proletariats im Februar mag der Bourgeoisie trotz ihres eigenen Erfolgs Angst gemacht haben. Aus diesem Grunde schuf die provisorische Regierung die so genannten Nationalateliers, staatlich finanzierte Arbeitsgelegenheiten für Arbeitslose, die zum einen das soziale Problem der Arbeitslosigkeit lindern, vor allem aber die dort arbeitenden Menschen an die Regierung binden sollten. Tatsächlich jedoch machten die Nationalateliers offenkundig, dass die bürgerliche Ökonomie nicht in der Lage war, allen Menschen ein Auskommen zu gewährleisten. Zudem erschienen diese Werkstätten als Verwirklichung der Forderungen des Sozialisten Louis Blanc nach »Organisation der Arbeit« zur Verhinderung der Anarchie des Marktes. Aufgrund dessen konnten die Nationalateliers ihren von der Regierung erhofften Nutzen nicht erreichen, sondern galten vielmehr als sozialistische Errungenschaft der Februarrevolution. Deshalb setzte die im Mai 1848 konstituierte Nationalversammlung alles daran, sich der Nationalateliers wieder zu entledigen und drängte immer mehr Menschen per Dekret aus den Werkstätten heraus. Obgleich die Nationalateliers nicht in erster Linie als sozialpolitische Maßnahme geplant waren, bedeutete die Vertreibung aus ihnen für tausende Arbeiter doch den Raub ihrer Lebensgrundlage. »Es blieb den Arbeitern keine Wahl, sie mußten verhungern oder losschlagen. Sie antworteten am 22. Juni mit der ungeheuren Insurrektion, worin die erste große Schlacht geliefert wurde zwischen den beiden Klassen, welche die moderne Gesellschaft spalten. Es war ein Kampf um

7 Ebenda.

die Erhaltung oder Vernichtung der bürgerlichen Ordnung.«[8] Die Junirevolution 1848 endete in einem Blutbad, dem mehr als 3.000 Pariser Arbeiter zum Opfer fielen. Trotzdem bewertete Karl Marx diese proletarische Aktion als Geburtsstunde der eigenständigen französischen Arbeiterbewegung, die ein realistisches Bild von der Notwendigkeit der Überwindung der kapitalistischen Produktionsverhältnisse zur wirklichen Emanzipation der Arbeitenden besaß. In diesem Sinne konnte er feststellen, dass alle revolutionären Bewegungen seit 1789 höchstens die politische Form der Herrschaft der Bourgeoisie in Frage gestellt hätten. Unangetastet blieb stets die »Herrschaft der Klasse, [...] die Sklaverei der Arbeiter, [...] die bürgerliche Ordnung [...]. Der Juni hat diese Ordnung angetastet.«[9] Und deshalb hat dieser Aufstand trotz seiner Niederlage den Hass der Bourgeoisie hervorgerufen.

Nach der Niederschlagung des Aufstands wurde Louis-Eugène Cavaignac, der kommandierende General der konterrevolutionären Truppen, von der Nationalversammlung zum Präsidenten des Kabinetts ernannt. Doch er unterlag bereits im Dezember des Jahres bei den Präsidentenwahlen Louis Napoleon, einem Neffen von Napoleon Bonaparte, und spielte in der französischen Politik danach keine große Rolle mehr. Stand Cavaignac für die offene Militärdiktatur, so steuerte Louis Napoleon während seiner Präsidentschaft durch die zunehmende Ausschaltung der Opposition auf einen Staatsstreich und auf die Wiederherstellung des französischen Kaiserreichs zu und wiederholte insofern die Politik seines Onkels. Allein seine Krönung zum Kaiser Napoleon III. fand in einer grundlegend anderen historischen Situation statt.

---

8 Marx, Karl: Die Klassenkämpfe in Frankreich 1848 bis 1850. In: MEW 7, S. 31.

9 Ebenda, S. 32.

Die Herrschaft Napoleons III. markiert nach Marx den geschichtlichen Augenblick, in dem »die Bourgeoisie die Fähigkeit, die Nation zu beherrschen, schon verloren und die Arbeiterklasse diese Fähigkeit noch nicht erworben hatte.«[10] Diese Einschätzung mag verwundern, da in der Rückschau die Herrschaft der Bourgeoisie zu keinem der hier dargestellten Zeitpunkte ernstlich bedroht war. Doch weist Eric Hobsbawm zu Recht darauf hin, dass in der Phase zwischen der Junischlacht 1848 und der Konsolidierung der bürgerlichen Herrschaft nach der Niederschlagung der Pariser Kommune die Widersprüche der neuen kapitalistischen Produktionsweise so offen zutage traten, dass selbst die vehementesten Vertreter der Bourgeoisie sich ihres Sieges nicht sicher waren. Die Krönung Napoleons III. war also nicht mehr ein Werkzeug zur Durchsetzung der Hegemonie einer neuen Produktionsweise, sondern ein autoritäres Regime zur Niederhaltung der erstarkenden Arbeiterklasse. Auch aus diesem Grunde lehnte Marx für die Herrschaft Napoleons III. die Bezeichnung »Cäsarismus« ab – anders als später Antonio Gramsci – und prägte für diese in seinen Augen neue Form der Herrschaft den Begriff des Bonapartismus.

Folgt man der Analyse von Karl Marx, dann sah sich die Bourgeoisie nach der Junischlacht nicht mehr in der Lage, die politische und die ökonomische Macht gleichzeitig zu behaupten. Aus diesem Grunde gab sie die politische Macht ab, um die ökonomische Macht zu sichern. Dies war – so Marx – auch der Zeitpunkt, an dem die Bourgeoisie die Ideale ablegte, die sie im Kampf gegen den Feudalismus vertreten hatte. Der bonapartistische Staat stellt deshalb eine merkwürdige Mischform bürgerlicher Herrschaft dar. Auf der einen Seite ist das bürgerliche Privateigentum für diesen Staat das höchste Gut, auf der anderen Seite scheinen Träger der politischen Macht im Staat gänzlich

10 Marx, Karl: Der Bürgerkrieg in Frankreich. In: MEW 17, S. 338.

andere Interessen zu vertreten als die Bourgeoisie. Marx charakterisierte Napoleon III. als »Glücksritter, auf den Schild gehoben von einer trunkenen Soldateska, die er durch Schnaps und Würste erkauft hat, nach der er stets von neuem mit der Wurst werfen muß.«[11] Diese Beschreibung verweist auf die soziale Basis des zweiten französischen Kaiserreichs. Es waren in erster Linie die Kleinbauern, die an ihre Parzelle gebunden waren, keinen Kontakt zu den politischen Bewegungen in den Städten hatten und sich dabei nach politischer Ruhe und nationaler Größe sehnten. Die Einbindung dieser Personengruppe hatte für Napoleon III. mehrere wichtige Vorteile: Zum einen gelang es ihr aufgrund ihrer isolierten Produktionsweise nicht, sich als Klasse zu konstituieren, weshalb sie der politischen Führung bedurften. Ihre Loyalität war daher durch partiellen Ausbau der ländlichen Infrastruktur oder ähnlicher Maßnahmen leicht zu gewinnen. Zum anderen stellten die bäuerlichen Massen das Gros der französischen Armee. Dadurch gelang es Napoleon III. sowohl, sich der staatlichen Exekutive immer wieder aufs Neue zu versichern, als auch seiner eigenen Herrschaft durch häufige Plebiszite Legitimität zu verleihen.

Wenn auch über die Beschreibung der sozialen Basis des Bonapartismus in der wissenschaftlichen Diskussion kaum Dissens besteht, so entzünden sich doch wichtige Debatten über die Frage nach der Form der bonapartistischen Herrschaftssicherung. Für den Historiker Wolfgang Wippermann besteht das eigentliche Charakteristikum des Bonapartismus darin, dass er mit häufigen Plebisziten sich des korrumpierten Wahlvolks versicherte. Rosa Luxemburg richtete ihr besonderes Augenmerk indes sehr viel deutlicher auf den Aspekt der Verselbständigung der staatlichen Exekutive und konstatierte für

---

11 Marx, Karl: Der achtzehnte Brumaire des Louis Bonaparte. In: MEW 8, S. 197.

die Dritte Republik einen wachsenden Widerspruch zwischen den politischen Intentionen des Parlaments und des auf Kolonial- und Weltpolitik ausgerichteten stehenden Heeres. Die Verselbständigung der Exekutive unter Napoleon III. habe die Armee – so Luxemburg – aus einem »Werkzeug des Staatsinteresses zu einer Interessengruppe für sich erzeugt, die ihre Vorteile ungeachtet der Republik, trotz der Republik und gegen die Republik zu verteidigen bereit ist.«[12] Trifft diese Einschätzung zu, dann lässt sich damit auch das starke Engagement des zweiten Kaiserreichs in militärischen und imperialistischen Unternehmungen erklären – etwa in Syrien, China oder in Mexiko. Sie waren Ausdruck einer imperialistischen Politik, die das Mittel der Einbindung der Armee nutzte, um die mit ihr verbundenen Menschen für die Staatsräson zu instrumentalisieren. In diesem Sinne argumentierte Marx, als er feststellte, dass Napoleon III. seine Macht usurpiert und durch Kriege verlängert habe. In der Verbindung der Analysen von Luxemburg, Wippermann, Hobsbawm und Marx lässt sich der Bonapartismus als populistische Herrschaft im monarchistischen Mantel und im Interesse der Bourgeoisie beschreiben, die durch ihre Betonung des Militärischen Instrumente für eine terroristische Innenpolitik und die Zerschlagung proletarischer Organisationen bereithält und gleichzeitig auf den Krieg als Mittel der Politik angewiesen ist.

Gleichzeitig entstand auf der anderen Seite des Rheins ein weiterer wichtiger Akteur im Zentrum Europas: das im deutschsprachigen Raum hegemoniale Preußen, dessen Politik auf die Bildung einer deutschen Nation gerichtet war. Da die süddeutschen Länder in den Prozess der Nationalstaatsbildung einbezogen wurden, mussten die politischen Interessen Preu-

12 Luxemburg, Rosa: Die sozialistische Krise in Frankreich. In: Dies.: Gesammelte Werke Bd. 1/2. Berlin/DDR 1988, S. 19.

ßens mit denen Frankreichs in Konflikt geraten, denn das französische Kaiserreich hatte kein Interesse an einem Deutschland, das bis direkt an seine Grenzen reichte. Für Bismarck stand jedoch fest, dass Napoleon III. keinerlei Recht habe, sich in die Gestaltung des entstehenden Deutschlands einzumischen. Um dies nachdrücklich zu unterstreichen, versuchte die preußische Außenpolitik, die traditionelle Furcht Frankreichs vor Einkreisung auszunutzen, indem sie nach einer Palastrevolution in Spanien sich dafür stark machte, einen Verwandten des preußischen Königs Wilhelm I., den Hohenzollernprinzen Leopold, auf den dortigen Thron zu heben. Napoleon III. begriff dies als feindlichen Akt und drohte mit Krieg. Wilhelm I. wich vor dieser Drohung zurück und riet seinem Verwandten, von der Thronbesteigung Abstand zu nehmen, was dieser auch befolgte. Dieser Schritt schien Bismarck einen Strich durch die Rechnung zu machen. Er hatte nämlich auf Krieg gehofft, um sich des französischen Rivalen entledigen zu können, ohne selbst als Kriegstreiber zu gelten.

Nach dem Verzicht des Prinzen Leopold forderte Frankreich in den nachfolgenden Unterredungen in Bad Ems, wo sich Wilhelm I. zur Kur aufhielt, am 13. Juli 1870 vom Hause Hohenzollern eine Garantie dafür, auch künftig auf den spanischen Thron zu verzichten. Wilhelm verweigerte diese Garantie, hielt jedoch die Tür für weitere Verhandlungen offen. Bismarck aber, der mit der berühmten Emser Depesche über die Gespräche informiert worden war, verkürzte deren Inhalte in einer anschließend verbreiteten Pressemitteilung. In ihr erschien die Verweigerung des Königs als sehr viel schärfer und provokanter, was in Frankreich als Affront aufgefasst werden musste. In seinen Memoiren machte Bismarck aus seiner Absicht, den Krieg mit Frankreich zu provozieren, kein Hehl. Der Plan ging auf, und Frankreich erklärte bereits wenige Tage später dem Königreich Preußen den Krieg.

Unter Historikern wurde lange Zeit erbittert darüber gestritten, welche Seite nun die Schuld am Ausbruch des Deutsch-Französischen Krieges trug. Formal bleibt festzuhalten, dass Frankreich den Krieg erklärt hat. Ebenso richtig ist die Feststellung, dass es sich mit seiner Politik gegen die Gründung eines deutschen Nationalstaates stellte. Auf der anderen Seite ist ebenso unstreitig, dass Preußen in der Person Bismarcks insgesamt eine Politik der nationalen Einigung als Rahmenbedingung für die endgültige Durchsetzung kapitalistischer Produktionsverhältnisse vertrat, die nichts gemein hatte mit den Idealen der Französischen Revolution oder der deutschen Revolution von 1848. Vielmehr verliefen diese Auseinandersetzungen in Preußen in gleichsam »›verkehrter Klassenschlachtordnung‹ – mit den Junkern in ihrer Eigenschaft als Kapitalisten an der Spitze, ökonomisch vorwärtsgetrieben vom (am reinsten von der Großbourgeoisie repräsentierten) Kapital, gegen die Politik der Bourgeoisie, die gewissermaßen erst zum Schluß zu sich selber politisch überlief.«[13] Es ist kein Zufall, dass diese Beschreibung der Marxschen Analyse der Herrschaft Napoleons III. ähnelt. Auch in Preußen hatte sich eine politische Praxis etabliert, die das Geschäft der Bourgeoisie betrieb – jedoch ohne und gegen deren politischen Einfluss. Hinzu kam das große Gewicht der Armee, die die Durchsetzung der von Bismarck vertretenen politischen Ziele »mit Blut und Eisen« garantieren sollte. Karl Marx stellte dementsprechend zum Deutsch-Französischen Krieg fest, dass Frankreich ihn begonnen habe und er insofern auf preußischer Seite ein Defensivkrieg sei. Gleichzeitig konstatierte er aber auch, dass Preußen – wie Frankreich – unter ein bonapartistisches Regime geraten sei und seinen Nachbarn in den Krieg getrieben habe. Folgerichtig hielt er es für möglich,

---

13 Kuczynski, Jürgen: Die Geschichte der Lage der Arbeiter unter dem Kapitalismus, Bd. 2. Berlin/DDR 1962, S. 8.

dass Preußen die französischen Grenzen überschreiten und der Krieg damit zu einem Krieg gegen das französische Volk werden würde. In diesem Falle würden – so Marx – sowohl Sieg als auch Niederlage Preußens »gleich unheilvoll«[14] werden. Auf beiden Seiten des Rheins standen mithin Herrschende, die sich aus machtpolitischen Interessen in ihrem Kurs auf Krieg gegenseitig kaum nachstanden.

Der Verlauf der militärischen Operationen des Kriegs ist schnell geschildert. Da die französischen Armeen bei Kriegsbeginn noch gar nicht gefechtsbereit waren, war Preußen und seinen Verbündeten ein vollständiger Aufmarsch am Rhein möglich. In der Folge ging die militärische Initiative komplett an die preußisch-deutsche Seite über. Am 4. August schlugen preußische Truppen die französische Armee bei Weißenburg und öffneten damit den Weg in das Elsass. Die französischen Truppen sahen sich daher gezwungen, sich in ihre Festungen zurückzuziehen. Anfang September schließlich kam es zur Schlacht bei Sedan, an deren Ende die letzte kampffähige französische Feldarmee mitsamt Napoleon III. in preußische Kriegsgefangenschaft geriet. Diese Niederlage besiegelte das Schicksal Napoleons III. und des Zweiten Kaiserreichs. Jedoch markierte diese Schlacht nicht das Ende des Krieges, da die preußisch-deutschen Truppen weitermarschierten, um Paris einzunehmen. Spätestens jetzt bewahrheitete sich die Befürchtung von Karl Marx: Aus dem preußischen Verteidigungskrieg war ein Krieg zur Verschiebung der Mächtekonstellation in Mitteleuropa zugunsten von Preußen-Deutschland geworden.

In Paris war nach der Niederlage von Sedan das Kaiserhaus für abgesetzt erklärt und die Republik ausgerufen worden. Die Protagonisten der Gründung dieser Dritten Französischen Repu-

14 Marx, Karl: Erste Adresse des Generalrats über den Deutsch-Französischen Krieg. In: MEW 17, S. 6.

blik waren die bürgerlichen Republikaner Léon Gambetta und Jules Favre. In ihnen manifestierten sich gleichsam die Konfliktlinien innerhalb der französischen Bourgeoisie: Auf der einen Seite sprach sich der zum Innenminister ernannte Gambetta dafür aus, neue Truppen auszuheben, das Heer zu reorganisieren und den Kampf nach dem Vorbild des revolutionären Krieges des Jahres 1793 fortzusetzen. Ein Ergebnis dieser Bemühungen war die Neugründung der Nationalgarde in Paris, die sich nun wesentlich aus der männlichen Bevölkerung der Arbeiterviertel rekrutierte und Monate später zum entschiedenen Motor der Pariser Kommune werden sollte. Auf der anderen Seite suchte der neue Außenminister Jules Favre die Verhandlung mit Bismarck, um dem Krieg ein schnelles – wenn auch für Frankreich unvorteilhaftes – Ende zu bereiten. Beiden Vorgehensweisen lag nicht etwa der Wunsch zugrunde, die Bedingungen für eine demokratische Entwicklung zu verbessern, vielmehr wollten beide eine weitere Erschütterung des staatlichen Machtapparats verhindern und einer erneuten revolutionären Insurrektion (von lat. insurgere »sich erheben«) vorbeugen. Diese Absichten wurden durch den Fakt verdeutlicht, dass die neue Republik in keiner Weise durch eine revolutionäre Massenaktion demokratisch legitimiert war. Das Kaiserreich war zwar durch politische und militärische Misserfolge diskreditiert, doch diese Republik hatte »nicht den Thron umgeworfen, sondern nur seinen leeren Platz eingenommen.«[15] Entscheidend war, dass die provisorische Regierung ausschließlich aus Großbürgern, Monarchisten und Gegnern der Juni-Insurrektion des Jahres 1848 bestand.

Einige der ersten Maßnahmen dieser Regierung bewiesen, – so schrieb Karl Marx – dass ihre Mitglieder »vom Kaiserreich nicht nur einen Haufen Ruinen geerbt haben, sondern auch

15 Marx, Karl: Zweite Adresse des Generalrats über den Deutsch-Französischen Krieg. In: MEW 17, S. 277.

seine Furcht vor der Arbeiterklasse.«[16] Angesichts der feindlichen Truppen vor den Toren der Hauptstadt war Marx aber überzeugt, dass jeder Versuch, die Regierung zu stürzen, um der jungen Republik ein anderes Gesicht zu geben, eine verzweifelte Torheit wäre. In dieser Situation – so Marx weiter – müssten die Arbeiter ihre Pflicht als Bürger tun. Sie dürften sich in dieser Lage »nicht beherrschen lassen durch die nationalen Erinnerungen von 1792, wie die französischen Bauern sich trügen ließen durch die nationalen Erinnerungen des ersten Kaiserreichs. Sie haben nicht die Vergangenheit zu wiederholen, sondern die Zukunft aufzubauen. Mögen sie ruhig und entschlossen die Mittel ausnutzen, die ihnen die republikanische Freiheit gibt, um die Organisation ihrer eigenen Klasse gründlich durchzuführen.«[17]

Der Fortgang der Ereignisse in und um Paris gab jedoch wenig Anlass, auf einen Ausbau der republikanischen Freiheiten zu hoffen. Anfang Oktober 1870 schloss sich der Belagerungsring um Paris, und auch der Versuch Gambettas, ihn mit Truppen aus der französischen Provinz zu sprengen, scheiterte. Jules Favre erreichte indes im Januar 1871 einen Waffenstillstand mit dem zwischenzeitlich gegründeten Deutschen Reich. Im Waffenstillstandsvertrag war festgeschrieben, dass nur eine noch zu wählende Nationalversammlung die Legitimation besitze, einen endgültigen Friedensvertrag zu ratifizieren. Die Wahlen fanden im Februar 1871 statt und führten zu einer empfindlichen Schwächung der republikanischen Kräfte: Die Mehrheit dieser Nationalversammlung lag in den Händen von Großgrundbesitzern und Monarchisten. Als Erklärung für dieses Wahlergebnis bietet sich die Vermutung an, dass die Wahlentscheidungen oft weniger demokratisch waren, als vielmehr

16 Ebenda.

17 Ebenda.

den Wünschen der Gutsbesitzer folgten, die auf dem flachen Land und in der Provinz, wo die Mehrheit der Franzosen lebte, den Ton angaben.

Die Nationalversammlung trat in Bordeaux zusammen – also weit entfernt von der noch immer von deutschen Truppen besetzten Hauptstadt – und wählte dort eine neue Regierung unter Jules Favre und Adolphe Thiers. Favre war der Vater des Waffenstillstandes mit Deutschland, und Thiers war bekannt als Verfechter einer konstitutionellen Monarchie. In Paris wurden sowohl der Tagungsort der Nationalversammlung als auch die Zusammensetzung der neuen Regierung als Verrat am monatelangen Kampf der Hauptstadt zur Verteidigung gegen die preußisch-deutschen Invasoren aufgefasst. Als sich die neue Regierung schließlich dann anschickte, die Nationalgarde zu entwaffnen, kam es am 18. März 1871 zum Widerstand gegen dieses Vorhaben. Die Regierung – verschreckt ob der Entschlossenheit der Bevölkerung der Pariser Arbeiterviertel – räumte die Stadt und zog sich mitsamt ihrem Apparat und den unter ihrer Kontrolle stehenden Truppen nach Versailles zurück. Damit schlug die Geburtsstunde der Pariser Kommune.

Die Kommune konnte tatsächlich nur Wirklichkeit werden unter der Bedingung der deutschen Besatzung und der damit verbundenen relativen Schwäche der bürgerlichen Zentralregierung. Sie entstand spontan und war insofern ein historischer Zufall. Doch gleichzeitig markiert ihr Entstehen auch den historischen Augenblick, an dem sich die französische Arbeiterbewegung, die sich in der Junischlacht 1848 von der ideologischen Bindung an die Bourgeoisie emanzipiert hatte, daran wagte, eigene Vorstellungen zu formulieren und sie in der Praxis zu erproben. Ihre Erfahrungen als rein zeitgebunden zu bewerten und sie damit gleichsam ins Museum zu verbannen, hieße, einen historischen Schatz ungenutzt der Vergessenheit zu überantworten.

III.
Der 18. März 1871 – Die Geburtsstunde der Pariser Kommune

»›Bertrand, es ist soweit!‹ ›Die Preußen kommen? Wieder eine Belagerung?‹ ›Diesmal andersherum. Wir belagern die Versailler.‹ Die Gesichtszüge des Mannes sprangen nach oben, als ließe man Gummibänder zurückschnappen. ›Ich komme, ich komme‹, antwortete er glücklich und verschwand vom Fenster.«

Jutta Ditfurth[18]

Am 18. März 1871 begann mit der Flucht der französischen Regierung aus der Hauptstadt die Phase, die als Pariser Kommune in die Geschichte eingegangen ist. Glaubt man den Schilderungen in der Belletristik, ob bei Brecht oder auch im Kommune-Roman von Jutta Ditfurth, dann gestaltete sich ihr Beginn wie ein großes Volksfest. Angesichts der Tatsache, dass er nahezu unblutig verlief, mögen diese Darstellungen die Stimmung in der Stadt auch korrekt wiedergeben. Trotzdem darf nicht vergessen werden, dass zuvor die Regierung versucht hatte, der Nationalgarde ihre Geschütze notfalls mit Waffengewalt zu rauben. Daher war am Morgen durchaus nicht ausgemacht, dass die Nationalgarde am Abend die Herrin über Paris sein würde. In der Kommune-Literatur ist der Verlauf dieses Frühlingstages indes so genau entwickelt worden, dass die Chronologie annähernd lückenlos wiederzugeben ist.

Am Abend des 17. März war im Kreis der Regierung der Beschluss gefallen, sich in den Besitz der Geschütze der Nationalgarde zu bringen, um die Macht ihres Zentralkomitees zu brechen und die eigene Machtbasis zu sichern. Zu diesem Zweck wurde eine Bekanntmachung gedruckt, in der das Zentralkomitee diffamiert und als Gefahr für die junge fran-

18 Ditfurth, Jutta: Die Himmelsstürmerin. München 2000, S. 246.

zösische Republik dargestellt wurde. Im Namen von Recht und Ordnung wurden die Bürgerinnen und Bürger aufgefordert, der Regierung gegenüber loyal zu sein und dem Zentralkomitee die Gefolgschaft aufzukündigen. Da man nicht allein auf die Wirkung dieser Bekanntmachung setzen wollte, wurden am frühen Morgen des 18. März Regierungstruppen in Marsch gesetzt, um die Stellungen der Nationalgarde im Handstreich zu nehmen und die Geschütze in die Arsenale der Regierung zu bringen. Die Überwindung der Geschützwachen gelang in etlichen Arrondissements (Stadtbezirke von Paris). Zum Abtransport der Geschütze fehlten jedoch die notwendigen Pferdegespanne, was den Abschluss der Operation verzögerte. Zwischenzeitlich erwachten die Wohnviertel, in denen die Kanonen standen, und die Menschen sahen, was auf den Straßen vor sich ging. »Die Frauen gingen wie in unsern großen Tagen zuerst vor. Die vom 18. März [...] warteten nicht auf ihre Männer. Sie umringten die Mitrailleusen und redeten die Stückführer an: ›Das ist eine Schande, was machst du da?‹ Die Soldaten schwiegen.«[19] Nach und nach gelangten auch größere Verbände der Nationalgarde an die Orte des Geschehens. Auf dem Montmartre gab General Lecomte seinen Soldaten den Befehl, auf die Frauen und Männer zu schießen. Die Soldaten verweigerten den Befehl, verbrüderten sich mit den Nationalgardisten und verhafteten den General. Auch an anderen Orten gelang es den Mitgliedern der Nationalgarde und anderen Einwohnerinnen und Einwohnern, den Raub der Kanonen zu unterbinden. Zusammenfassend schreibt Lissagaray: »Um 11 Uhr hat das Volk den Angriff auf allen Punkten niedergeschlagen, beinahe seine sämmtlichen Kanonen bewahrt [...] und tausende von Gewehren gewonnen.«[20]

---

19 Lissagaray, Prosper: Geschichte der Commune von 1871. Frankfurt/M. 1971, S. 79.

20 Ebenda, S. 81.

Von dem Scheitern des geplanten Raubs und der Entschlossenheit in den Pariser Arbeitervierteln überrascht, beschloss Adolphe Thiers, mit seiner Regierung und den loyalen Regimentern die Stadt zu räumen. Der Abmarsch verlief störungsfrei, weil die Bataillone der Nationalgarde sich teils in Erwartung eines erneuten Angriffs durch die Regierung in ihren Stadtvierteln verbarrikadierten, teils gezielt der Konfrontation aus dem Wege gingen. Die Entscheidung für den rein defensiven Umgang mit der Flucht der Regierung und dem Abmarsch der regulären Truppen aus Paris führte zu schließlich verhängnisvollen Versäumnissen des Zentralkomitees. So wurde etwa das von Regierungstruppen geräumte Fort auf dem Mont Valerien – zwischen Paris und Versailles – nicht umgehend von der Nationalgarde besetzt. In der Folge gelang es den Versaillern daher schnell, dieses Bollwerk wieder einzunehmen, was die Verteidigung von Paris im April und Mai erheblich erschwerte.

Allerdings standen die Verantwortlichen des Zentralkomitees auch ohne militärische Aktionen gegen die abziehenden Truppen vor enormen Schwierigkeiten. Ihnen oblag die Bewachung der gefangenen Generäle und die Verantwortung für den weiteren Umgang mit ihnen. Dabei standen sie zwischen ihrem Anspruch, mit Gefangenen korrekt umzugehen, und der Forderung aus den Reihen der Bevölkerung, zumindest General Clément Thomas auszuliefern, der im Juni 1848 den Aufstand blutig niedergeschlagen hatte. Trotz des Einschreitens von Nationalgardisten bemächtigte sich die Menge schließlich der beiden gefangenen Generäle und tötete sie an Ort und Stelle.

Als am Abend die Sonne über Paris unterging, stand das Zentralkomitee zudem vor der Aufgabe, das Amt einer provisorischen Regierung zu übernehmen, da die Macht in der französischen Hauptstadt gleichsam auf der Straße lag. Die Einwohnerinnen und Einwohner erfuhren von den revolutionären

Veränderungen in ihrer Stadt erst am Morgen des Folgetags, nachdem das Zentralkomitee in das Pariser Stadthaus eingezogen war, dort die rote Fahne gehisst hatte und sich mit seiner ersten Proklamation an die Einwohnerinnen und Einwohner wandte:

> »Ihr habt uns beauftragt, die Verteidigung der Stadt Paris und Eurer Rechte zu organisieren. Wir sind uns bewußt, diese Mission erfüllt zu haben. Unterstützt durch Euren edlen Mut und Eure bewundernswürdige Kaltblütigkeit haben wir diese Regierung, die uns verraten hat, vertrieben. [...] Bereitet also sogleich die Kommunalwahlen vor und führt sie durch, und laßt uns die einzige Belohnung zuteil werden, die wir uns je gewünscht haben: Euch die wahrhafte Republik errichten zu sehen. Unterdessen hüten wir im Namen des Volkes das Stadthaus.«[21]

Als die Nachrichten von den Ereignissen in Paris in die französische Provinz gelangten, erhoben sich auch in anderen Städten Massenbewegungen zur Durchsetzung kommunaler Ordnungen. In Lyon, Marseille, Saint-Etienne, Le Creusot, Toulouse und Narbonne entstanden Gremien der städtischen Selbstverwaltung, die sich mit der Entwicklung in Paris solidarisierten und ähnliche Wege der gesellschaftlichen Umgestaltung beschritten wie die Pariser Kommunardinnen und Kommunarden. Aufgrund der unbeschränkten militärischen Bewegungsfreiheit der französischen Zentralgewalt und der gleichzeitigen Isolierung von Paris gingen diese Kommunen in den meisten Fällen nach wenigen Tagen im Feuer der Konterrevolution unter. Die Kommune von Marseille fiel allerdings erst am 4. April 1871 und konnte sich dem Ansturm ihrer Feinde neben Paris am längsten widersetzen. Durch diese Umstände wird zweierlei über die Pariser Kommune deutlich: Zum einen lenken sie den Blick auf die besondere Situation in der bela-

21 Proklamation des Zentralkomitees der Nationalgarde vom 19. März 1871. In: Swoboda, Helmut (Hg.): Die Pariser Kommune 1871. München 1971, S. 56.

gerten französischen Hauptstadt, zum anderen zeigen sie aber auch, dass diese Ausdruck einer tiefen Krise der französischen Gesellschaft und einer latenten revolutionären Situation – zumal in den industriellen Zentren des Landes – war.

IV. Die Rolle der Nationalgarde und ihres Zentralkomitees

> »Die Ehre und das Heil des Comités lag darin, daß es nur von dem einen Gedanken ausging, Paris die Macht zu übergeben. Hätte es sich als Secte geberdet, als Brüter von Decreten, so hätte sich die Bewegung verlaufen [...]. Glücklicherweise bestand es aus Ankömmlingen ohne Vergangenheit und Prätensionen – Kleinbürger, Arbeiter, Krämer, Handels- und Rechnungsbeamte, Mechaniker, Steinhauer und Architekten, die wenig nach Systemen fragten und vor allem auf Rettung der Republik dachten.«
>
> *Prosper Lissagaray*[22]

Nach der Flucht der Regierung unter Thiers und Favre mitsamt ihrer Truppen und ihres bürokratischen Apparats war die Nationalgarde die einzig verbliebene bewaffnete Macht in der Stadt. Ihr Zentralkomitee repräsentierte die 266 Bataillone, die nach der Gefangennahme Napoleons III. bei Sedan und der Ausrufung der Republik auf Druck der politisch aktiven Pariser Arbeiterinnen und Arbeiter zur Verteidigung der Hauptstadt aufgestellt worden waren. Hierauf basiert die eingangs zitierte Charakterisierung des Zentralkomitees durch Prosper Lissagaray, denn in diesem Gremium fanden sich überwiegend Vertreter einer noch jungen und unerfahrenen politischen Op-

22 Lissagaray, Prosper: Geschichte der Commune von 1871. Frankfurt/M. 1971, S. 88.

position zusammen. Es bleibt aber die Frage zu beantworten, wer aus welchem Antrieb im Zentralkomitee aktiv wurde. Dazu ist es notwendig, sowohl seine Entstehung als auch seine politische Praxis darzustellen.

Unter Napoleon III. bestand die Nationalgarde ausschließlich als Miliz wohlhabender Bürger. Nach der Absetzung des Kaisers verwandelte sie radikal ihr Antlitz, denn in der jungen Dritten Republik waren es vor allem Arbeiter und Kleinbürger, die in ihre Reihen strömten, um die Republik gegen die preußischen Truppen zu verteidigen. Auf diese Weise entstand die Keimform einer Volksarmee mit starker Verankerung in den Pariser Arbeitervierteln. Als Beleg dafür mag die Tatsache gelten, dass die Bataillone sich durch Geldsammlungen in den Vierteln selbständig mit Geschützen ausrüsten konnten. Die Nationalversammlung in Bordeaux beobachtete diese Entwicklung mit Argwohn und beschloss am 15. Februar 1871, die Soldzahlungen an die Nationalgarde einzustellen. Auf diesen Affront reagierten die Vertreter der Bataillone mit der Absetzung ihrer Offiziere und der Wahl neuer Kommandierender sowie mit der Schaffung eines gewählten Zentralkomitees der Föderation der Nationalgarde des Départements Seine. So schufen sich die Nationalgardisten eine politische und militärische Führung, deren Mitglieder demokratisch legitimiert und jederzeit abwählbar waren.

Bereits vor dem 18. März 1871 war also eine starke – auf die bewaffneten Arbeiter in den Pariser Stadtteilen gestützte – Macht entstanden, die durchaus in der Lage war, die französische Regierung politisch unter Druck zu setzen und dem Verteidigungswillen der Pariser Bevölkerung Ausdruck zu verleihen. Gleichwohl war das Wirken des Zentralkomitees in den ersten Wochen seiner Existenz nicht auf den Umsturz der bürgerlichen Ordnung gerichtet. Als preußische Truppen in einen Teil von Paris einrückten, um den Waffenstillstand zu überwachen, plädierte das Zentralkomitee in seiner ersten Verlautbarung vom 28. Februar nur dafür, auf einen Waffengang mit den Belagerern zu verzichten und das nicht besetzte Stadtgebiet abzuriegeln. Die wohl zutreffende Einschätzung des Zentralkomitees lautete, dass militärischer Widerstand zur Liquidation der Republik geführt hätte. Auf diese Weise gelang es, sowohl dem preußischen Generalstab als auch der französischen Regierung die Möglichkeit zur Zerschlagung der Opposition zu nehmen, indem es beiden keinen Vorwand bot, gegen die Nationalgarde vorzugehen. Anders als von der Pariser Sektion der I. Internationale anfangs angenommen, ließ sich das Zentralkomitee also nicht von der Bourgeoisie ins Schlepptau nehmen, sondern wurde zum Rückgrat der Opposition gegen die Regierung.

Eine solche Konstellation – mit einer bewaffneten proletarischen Opposition auf der einen und einer bürgerlichen Regierung auf der anderen Seite – konnte nicht von langer Dauer sein, stellte sie doch eine Herausforderung der Herrschaft der Bourgeoisie dar. Deshalb verwundert es auch nicht, dass die Regierung unter Thiers und Favre alles daran setzte, den Einfluss des Zentralkomitees zu brechen. Das war der eigentliche Grund für den Versuch der Regierung, am 18. März die Geschütze der Nationalgarde zu konfiszieren. Das Scheitern dieser Operation verweist auf zwei wesentliche Merkmale einer politischen Situation, die Lenin mit dem Begriff der Doppelherrschaft belegte. Die Geschichte des Zentralkomitees macht erstens deutlich, dass es die Spannung zwischen bewaffneter Opposition und alter Ordnung nicht zum ersten Mal in den Monaten zwischen der Februar- und der Oktoberrevolution 1917 in Russland gab, wie Lenin annahm, sondern dass dies bereits ein wichtiger Geburtshelfer der Pariser Kommune war. Zweitens wird sichtbar, dass es offensichtlich einer solchen Vorgeschichte für einen revolutionären Umsturz bedarf. Wenn auch zwei historische Beispiele zur Illustration einer politischen Notwendigkeit in revolutionären Prozessen keine breite empirische Basis bilden, lenken die Rolle der Nationalgarde im Paris des Frühjahrs 1871 und die der Sowjets im Russland zwischen Februar und November 1917 den Blick doch auf eine für die Formulierung emanzipatorischer Theorie und Praxis grundlegende Erkenntnis von Antonio Gramsci. In der Auseinandersetzung mit den Erfahrungen bei der Herausbildung des italienischen Nationalstaates seit Mitte des 19. Jahrhunderts schrieb Gramsci, dass eine gesellschaftliche Gruppe bereits führend sein »kann und muss [...], bevor sie die Regierungsmacht erobert (das ist eine der Hauptbedingungen für die Eroberung der Macht); danach, wenn sie die Macht ausübt und auch fest in den Händen hält, wird sie herrschend, muss aber auch weiterhin ›führend‹ sein.«[23] Beides gelang sowohl den Sowjets in Russland als auch dem Zentralkomitee der Nationalgarde in Paris. Die einen wie das andere organisierten sowohl die Politisierung der Massen im Vorfeld des revolutionären Bruchs als auch die ersten Schritte in die neue Ordnung. Sie waren jeweils durch ihre politische Praxis legitimiert und durch die enge Bindung an die von ihnen vertretenen Menschen, die ihrerseits die Kontrolle über sie ausübten.

Es war daher folgerichtig, dass das Zentralkomitee am Abend des 18. März in das Stadthaus einzog und das öffentliche Leben in der Stadt zu organisieren begann. Bereits am Folgetag veröffentlichte es einen Beschluss, in dem es die Wahlen zum Kommunerat – dem Stadtrat von Paris – auf den 22. März festsetzte. Allerdings wurde der Termin aufgrund des Widerstands der Bürgermeister einzelner Stadtteile später auf den 26. März verschoben. Der Wahlaufruf des Zentralkomitees orientierte die Wähler darauf, dass die Revolution vom 18. März den Grundstein gelegt habe für eine französische Republik, die für alle Zeiten die »Ära der Invasionen und des Bürgerkrieges ab-

23 Gramsci, Antonio: Gefängnishefte. Hamburg 2012, S. 1947.

schließen«[24] werde. Das Zentralkomitee begriff sich dabei als die Kraft, die die Freiheit von Paris verteidigte und die nun mit den Wahlen zum Kommunerat ihre Macht wieder an die Bewohnerinnen und Bewohner der Stadt zurückgeben wollte. Der Wahlaufruf erklärte sich unmissverständlich zu republikanischen Regierungsformen, die eng an das Mandat der Wähler gebunden sind, und legte sich die Verpflichtung auf, Krieg und Bürgerkrieg zu verhindern. Diesem Ziel diente die Proklamation, mit der sich das Gremium wenige Tage nach seiner Konstituierung als provisorische Regierung von Paris an die preußischen Belagerer wandte. Hierin versicherte es, die Pariser Revolution habe ausschließlich munizipalen Charakter und wende sich daher nicht gegen die preußischen Truppen. Angesichts der manifesten militärischen Bedrohung durch preußisch-deutsche und reguläre französische Truppen, die die Hauptstadt eingekreist hatten, mag man sich fragen, ob der umgehende Marsch der Nationalgarde auf Versailles, wie er vom Zentralkomitee und einer Minderheit im Gemeinderat gefordert wurde, der Kommune Zeit zur Umsetzung ihrer Vorhaben verschafft hätte.

In der Folgezeit veröffentlichte das Zentralkomitee nur noch wenige eigene Erlasse, mit denen es in erster Linie solche der Regierung in Versailles rückgängig machte oder versuchte, die Härten der deutschen Belagerung sozial abzumildern. Das betraf vor allem Mietstundungen, Moratorien für Wechsel und die Einstellung des Verkaufs von Pfändern in den Pfandhäusern sowie die Rückgabe der Pfänder von geringerem Wert.

Nach der Konstituierung des Gemeinderats in Folge der Wahlen und der Proklamation der Kommune am 28. März gab das Zentralkomitee die Regierungsverantwortung ab und löste sich kurzfristig auf. Es reorganisierte sich aber bereits zwei Tage

---

24 Proklamation des Zentralkomitees der Nationalgarde vom 19. März 1871. In: Swoboda, Helmut (Hg.): Die Pariser Kommune 1871. München 1971, S. 56.

später und beriet – als Vertreterin der bewaffneten Macht in Paris – über die weiteren Schritte der Kommune. In einer Proklamation vom 5. April forderte es ein radikaleres Vorgehen gegen die Feinde der Kommune und bekundete den Willen der Nationalgarde, nach Versailles zu marschieren und den Feind militärisch zu schlagen. Das Zentralkomitee verstand sich als bewaffneter Arm der Kommune und wollte auch als solcher agieren. Aufgrund dieser Gegebenheiten kam es zu Konflikten mit dem Kommunerat, der lange bestrebt war, eine bewaffnete Auseinandersetzung zu vermeiden. Forciert wurde dieser Konflikt durch den Beginn der Kampfhandlungen durch Versailles am 2. April und den Anspruch des Zentralkomitees, bei der militärischen Planung an den Entscheidungen des Rates beteiligt zu werden und sogar die gesamte Militärverwaltung für sich zu reklamieren. Am 8. Mai 1871 kam der Kommunerat dieser Forderung nach und übertrug das Amt des Delegierten für das Kriegswesen (vergleichbar mit einem Verteidigungsminister) einem Mitglied des Zentralkomitees. Jean Bruhat schätzte ein, dass der Kommunerat damit aber nur eine längst bestehende Tatsache legalisierte. Seitdem zeichnete das Zentralkomitee für sämtliche militärischen Operationen der Kommune bis zu ihrem Untergang verantwortlich.

Auf den ersten Blick könnte man meinen, das Zentralkomitee der Nationalgarde sei – zumindest nach der Proklamation der Kommune – ausschließlich deren bewaffneter Arm gewesen. Diese Einschätzung ist sicher nicht verkehrt, greift aber gleichzeitig zu kurz. Denn zum einen erfüllte die Föderation der Nationalgarde mit ihrem Zentralkomitee vor dem 18. März und in den Tagen bis zur Konstituierung des Kommunerats am 28. März eine entscheidende politische Aufgabe. Auch bei der Politisierung der Pariser Bevölkerung spielten die Nationalgarde und ihr Zentralkomitee eine hervorragende Rolle. Einen besonderen Stellenwert erhielt die Föderation der Nationalgarde dadurch, dass ihre Struktur in weiten Teilen basisdemokratisch war. Doch mit ihrem Primat des Militärischen bewegte sie sich im offenen Gegensatz zu den sonstigen Positionen der Kommune. Wenn zudem die von Heinz-Gerhard Haupt und Karin Hausen wiedergegebenen Gerüchte zuträfen, dass es innerhalb der Nationalgarde Planungen gab, den Kommunerat zu entmachten, dann wäre die Frage von Jean Bruhat berechtigt, ob man das Zentralkomitee als den »bösen Geist der Kommune« betrachten solle, und ebenso seine Antwort: »Eine solche Behauptung ist übertrieben, doch richtig.«[25]

V. Der Rat der Kommune

> »In Erwägung, daß wir der Regierung / Was sie immer auch verspricht, nicht traun / Haben wir beschlossen, unter eigner Führung / Uns nunmehr ein gutes Leben aufzubaun.«
>
> *Bertolt Brecht*[26]

Als Bertolt Brecht 1949 sein Theaterstück über die Pariser Kommune schrieb, waren die historischen Erfahrungen des Jahres 1871 nur vordergründig von Belang. Vielmehr ging es ihm um den Entwurf eines sozialistischen Entwicklungsweges, der im Osten Deutschlands 1949 möglich schien. Die Pariser Kommune war für den Dramatiker kaum mehr als eine Folie für dieses Modell. Dennoch hielt Brecht sich bei der Gestaltung der historischen Ereignisse eng an die Fakten der Pariser Geschehnisse. So steht das berühmte Lied »Resolution der Kommunarden« in diesem Stück exakt an der Stelle, an der die

---

25 Bruhat, Jean / Dautry, Jean / Tersen, Emile: Die Pariser Kommune von 1871. Berlin/DDR 1971, S. 126.

26 Brecht, Bertolt: Die Tage der Commune. In: Ders.: Sämtliche Stücke in einem Band. Frankfurt/M. 1989, S. 852.

Revolutionärinnen und Revolutionäre in Paris die Wahl des Rates der Kommune beschließen. Die Resolution, in der es heißt, dass die Pariser RevolutionärInnen beschlossen haben, »nunmehr schlechtes Leben / Mehr zu fürchten als den Tod«[27], folgt in ihrer Struktur – nämlich der wiederkehrenden Formulierung des »In Erwägung, dass ...«[28] – dem Aufbau der Dekrete des Rates der Pariser Kommune. Für Brecht mag in diesem Aufbau politischer Beschlüsse vor allem die notwendige Transparenz von Herrschaft im Namen einer sozialistischen Ordnung zum Ausdruck gekommen sein. Doch mit dem Blick auf die praktische Politik der Kommunardinnen und Kommunarden soll hier nachgezeichnet werden, inwieweit dieses Bild einer von den Regierten direkt kontrollierten Staatsmacht mit der historischen Wirklichkeit der Pariser Kommune übereinstimmt. Zu diesem Zweck wird in diesem Kapitel die Tätigkeit des Kommunerates dargestellt, der aus den Wahlen am 26. März 1871 hervorgegangen ist.

Der Pariser Kommunerat, der sich am 28. März 1871 konstituierte, war ein Gremium, in dem neben einigen Liberalen kleinbürgerliche Radikale und sozialistische Revolutionäre vertreten waren. Der Zeitzeuge Lissagaray übte in seiner Geschichte der Pariser Kommune scharfe Kritik an dieser Zusammensetzung des Rates und forderte dazu auf, für die Zukunft zu klären, wie es geschehen kann, dass in einer revolutionären Situation Kandidaten das Vertrauen der Wähler erhalten, die nicht gewillt sind, ihre Kräfte für die Durchsetzung der im Sinne der revolutionären Umwälzung notwendigen Maßnahmen einzusetzen. Lissagaray erklärte diese ungute Konstellation mit der Geschwindigkeit, in der die Wahlen vorbereitet und durchgeführt wurden:

---

27 Ebenda.

28 Ebenda.

> »Das Central-Comité hatte dem Volk vom 19. an gesagt: ›Bereitet eure Communalwahlen vor.‹ Man hatte somit die ganze Woche, um ein Mandat aufzusetzen, die Mandatare zu prüfen. [...] Niemals war ein Mandat unerläßlicher gewesen, denn es handelte sich darum, Paris eine ganze Verfassung zu geben, dieselbe für Frankreich annehmbar zu machen, eine neue Ordnung zu schaffen. Nie hatte Paris ein solches Bedürfniß nach aufgeklärten, praktischen, für Unterhandlung und Kampf gleichmäßig geschickten Männern gehabt. Und gleichwohl gab es niemals weniger vorbereitende Erörterungen. Dieses Paris, das in Wahlsachen immer so ängstlich vorsichtig war und seinen Willen dem der Repräsentanten gegenüber stets zur Geltung zu bringen wußte, formulirte diesen Willen nicht. Kaum zwei oder drei Arrondissements stellten eine Art Programm auf. Statt über ein solches abzustimmen, stimmte man über Namen ab.«[29]

In der Folge – so Lissagaray weiter – habe der Rat der Kommune aus einer bunten Mischung von Jakobinern, Sozialisten, Anarchisten, Romantikern und Vertretern der bürgerlichen Opposition gegen Napoleon III. bestanden. In der mangelnden Zielklarheit des Kommunerats sah Lissageray einen gewichtigen Grund für den Untergang der Kommune, denn in ihrer erdrückenden Mehrheit hatten die Ratsmitglieder keinen Einblick in die Lebenswirklichkeit der Arbeiterinnen und Arbeiter, der WaffenträgerInnen und AktivistInnen der Revolution vom 18. März. Aus diesem Grunde habe die Konstituierung des Kommunerats kaum mehr Bedeutung als die einer Demonstration des demokratischen Geistes der Kommune. Auch Karl Marx übte Kritik am Zeitpunkt, an dem in Paris die Wahlen durchgeführt worden waren. Er führte an, dass allein die Vorbereitung und Durchführung der Wahlen kostbare Zeit gekostet haben. Stattdessen hätte die Nationalgarde umgehend nach Versailles marschieren und die französische Nationalbank enteignen sollen, um die Reaktion empfindlich zu treffen.

---

29 Lissagaray, Prosper: Geschichte der Commune von 1871. Frankfurt/M. 1971, S. 151.

Der Fortgang der Ereignisse scheint Lissagaray und Marx recht zu geben: Bereits in der ersten Sitzung des Kommunerats legten 16 gewählte Mitglieder ihr Mandat nieder. Für sie erklärte der Abgeordnete Tirard, aus den ersten Anträgen an den Rat und der ihnen entgegengebrachten Zustimmung erkenne er, dass der Rat politisch wirken wolle. Er hingegen sei nur bereit, ein streng munizipales Mandat anzunehmen. Deshalb ziehe er sich aus dem Gremium zurück. Durch den Rückzug des größten Teils der gemäßigten Bourgeois aus dem Kommunerat wurden Neuwahlen nötig, die schließlich am 16. April stattfanden und die Position der Mitglieder der Pariser Sektion der I. Internationale im Kommunerat stärkten. Daraus zu schließen, dass ein Verzicht auf die Kommunewahlen die Arbeit effektiver gestaltet und die Chancen zur Verteidigung der Revolution vom 18. März verbessert hätte, ignoriert, dass die demokratisch legitimierte Selbstverwaltung von Paris schon seit Jahren sowohl von der republikanischen Opposition in Paris als auch der dortigen Arbeiterbewegung gefordert worden war. Es ist kaum vorstellbar, dass das Zentralkomitee der Nationalgarde sich dieser Forderung im Namen eines politischen Pragmatismus hätte verschließen können, ohne die Unterstützung der Pariser Bevölkerung zu verlieren – zumal die Mitglieder des Zentralkomitees diese Forderung selber vertreten hatten. Hinzu kommt, dass man den Kampf um die Wahlen in Paris durchaus auch als direkte Auseinandersetzung mit Versailles begreifen kann, da sie ein Ausdruck des Selbstbewusstseins der neuen Pariser Macht waren.

In diesem Zusammenhang ist es interessant, dass Lissagaray zwar kritisiert, dass die Kommunewahlen zu wenig programmatisch vorbereitet wurden, nicht aber die Wahlen selbst. Den Rücktritt der unentschlossenen Abgeordneten aus dem Kommunerat begreift er als Konsequenz dessen, dass sich der Rat notwendiger Weise als Interessenvertreter der übergroßen Mehrheit seiner Wähler positionierte. In diesem Sinne erblickt er den größten

Fehler des Kommunerates im Umgang mit den zurückgetretenen Abgeordneten nicht etwa darin, dass man sie straflos hat ziehen lassen, sondern in dem nachfolgenden Beschluss, die zukünftigen Sitzungen des Rates unter Ausschluss der Öffentlichkeit durchzuführen, um der Reaktion keinen Einblick zu bieten. Nach Lissagaray hat der Rat damit den tödlichsten Fehler seiner Geschichte begangen, weil er sich damit der direkten Kontrolle durch die Bevölkerung entzog. »Wenn je Gewählte der Inspiration von Paris bedurften, so waren es diese, deren Mandat so wenig bestimmt war. Man vergaß also, dass das einzige Verdienst der alten Commune von Paris [der revolutionären Commune des Jahres 1792, F.G.] darin bestand, dass sie beständig seinen Gedanken folgte, daß alles Vorgehen, alle heilsamen Beschlüsse, alle mächtigen Gesichtspunkte, aller Aufschwung, Alles, was man der Commune zur Ehre anrechnet, von den Sectionen, den Clubs, den Volksgesellschaften ausging [...].«[30] Auch im Jahre 1871 sollte sich die besondere Rolle der politischen Clubs, der Stadtteilkomitees und der Aktion der Bataillone der Nationalgarde wiederholen, die Einfluss auf die Arbeit des Kommunerats nahmen. Der Kommunerat selbst bestimmte aus seinen Reihen die verantwortlichen Delegierten für die Organisation der öffentlichen Aufgaben, für die tägliche Bewältigung aller Herausforderungen des Lebens, die sich in der von preußisch-deutschen belagerten und von Versailler Truppen bedrohten Stadt stellten. Dessen eingedenk erscheint die vorgestellte Kritik von Marx und Lissagaray zwar als zutreffend, beachtet aber doch nicht genügend die Pariser Wirklichkeit des Frühjahrs 1871, die von den Kommunarden in erster Linie abverlangte, das Alltagsleben in Paris zu ermöglichen. Insofern wird man ihnen Naivität in der Bewertung des Feindes nachsagen können, jedoch den Vorwurf einer verfehlten politischen Strategie relativieren müssen.

---

30 Ebenda, S. 154f.

Eine umfassende Würdigung des Wirkens des Kommunerats darf indes die begrenzte Zeit nicht übersehen, die ihm zur Verfügung stand. Er existierte vom 28. März bis zum 25. Mai. Angesichts der militärischen Offensive der Versailler Truppen seit Anfang April übertrug er am 1. Mai einen Großteil seiner Kompetenzen einem sehr viel kleineren Wohlfahrtsausschuss, der kaum mehr leisten konnte, als den verzweifelten Verteidigungskampf gegen den Vormarsch der Versailler zu leiten. Für die eigentliche politische Arbeit des Rates blieben nur wenige Wochen Zeit. Gleichwohl ist nicht zu leugnen, dass der Kommunerat etliche wichtige Dekrete erlassen hat, die auf eine Verbesserung der unmittelbaren Lebensbedingungen der arbeitenden Bevölkerung und darüber hinaus auf eine grundlegende soziale Veränderung der Gesellschaft abzielten. Unter diesen sind als wichtigste zu nennen:

- Der rückwirkende Erlass fälliger Mieten für die Zeit von Oktober 1870 bis April 1871
- Einstellung des Verkaufs und Rückgabe verpfändeter Gegenstände, vor allem von Kleidern, Möbeln, Wäsche, Bettzeug, Arbeitswerkzeugen u.ä.
- Abschaffung des stehenden Heeres und seine Ersetzung durch allgemeine Volksbewaffnung
- Unentgeltliche Schulbildung
- Entlohnung der Beamten zu einem durchschnittlichen Arbeiterlohn
- Übergabe der von den Besitzern verlassenen Fabriken an Arbeitergenossenschaften
- Beschlagnahme und Verteilung leer stehender Wohnungen
- Verbot von Geldstrafen durch Arbeitgeber und von Abzügen bei Löhnen und Gehältern
- Verbot der Nachtarbeit der Bäckergesellen
- Fixierung des Brotpreises
- Trennung von Kirche und Staat.

Angesichts dieser Maßnahmen wird in der wissenschaftlichen Literatur immer wieder die Frage diskutiert, inwiefern die Pariser Kommune ein sozialistisches Projekt gewesen sei. Die Positionen reichen von der klaren Verneinung eines sozialistischen Gehalts der Kommune bis zu der eindeutigen Aussage: »Die perspektivischen Vorstellungen der Kommunarden waren auf eine sozialistische Gesellschaft gerichtet.«[31] Diese Auffassung setzt allerdings voraus, die Kommunarden hätten mehrheitlich ein klares politisches Programm besessen. Die Existenz eines derartigen Dokuments ist jedoch umstritten. Lissagaray bezeichnet die Erklärung an das französische Volk vom 19. April, auf die sich eine solche Sichtweise berufen kann, zwar als Programm und Testament der Kommune, merkt aber an, dass dieser Text nicht von einem Kommune-Mitglied, sondern von einem Journalisten verfasst und im Rat kaum diskutiert worden sei. Neben diesem Dokument verweist das vom Kommunerat beschlossene pädagogische Programm auf eine gesellschaftliche Zielvorstellung, die im Kommunerat mehrheitsfähig war. Aus diesem Grunde werden diese beiden Texte – neben einer Diskussion über die Akte symbolischer Politik des Kommunerates – in einem späteren Kapitel gesondert vorgestellt.

Betrachtet man abgesehen von diesen »programmatischen« Texten auch die Dekrete mit explizit sozialem Gehalt, so fällt auf, dass die Verbesserung der Lage der Pariser Unterschichten im Fokus der Kommune stand. Man kann es auch als einen Keim für eine sozialistische Entwicklung interpretieren, dass von ihren Eigentümern verlassene Fabriken in die Hände von Arbeitergenossenschaften übergeben wurden. Allerdings darf nicht übersehen werden, dass das betreffende Dekret eindeutig

---

31 Kundel, Erich: Rote Fahne, deutsche Stiefel – Die Pariser Kommune und die Preußen (Teil 1). In: junge Welt v. 16.3.2001, S. 10.

die Möglichkeit von Entschädigungen vorsah. Der Erlass der Mieten galt nur für einen begrenzten Zeitraum und war bestenfalls dazu geeignet, zeitweilige Härten – entstanden durch die Kriegssituation – zu mildern. »Offensichtlich bildete das Privateigentum für die Aktionen des Kommune-Rates eine nicht infrage gestellte Grenze.«[32] Diese Haltung bestimmte wohl auch den Umgang der Kommunarden mit der Bank von Frankreich. Die Bank zahlte große Summen an die Versailler Regierung, die damit auch ihren Krieg gegen die Kommune finanzierte, während sie der Kommune nur zögerlich Geld bewilligte. Trotzdem konnte sich der Kommunerat nicht zu ihrer Enteignung durchringen.

Richtet man den Blick auf die aufgebauten demokratischen Strukturen, so erscheinen diese revolutionär: Alle Beamten und Abgeordneten versahen ihren Dienst zu Arbeiterlöhnen, waren wähl- und jederzeit absetzbar. Die ältere Kommuneliteratur berichtete, dass die Entwicklungen vom Rat und der Pariser Bevölkerung harmonisch und Hand in Hand vorangetrieben worden seien. Dieser Position widersprechen Historikerinnen und Historiker, wenn sie im Anschluss an die Schilderungen von Prosper Lissagaray von einer zunehmenden Geheimpraxis innerhalb des Kommunerates sprechen und feststellen, dass dadurch vor allem die politischen Clubs – die sich selbst als direkte Vertreterinnen der Basis in den Pariser Stadtteilen verstanden – an ihren Stellungnahmen gehindert wurden. Ein vergleichbarer Hinweis findet sich in der – allerdings aus einer diametral entgegengesetzten Sichtweise vorgetragenen – Kritik des Historikers Robert Tombs. Er verurteilt das Verbot von kommunefeindlichen Zeitungen vom 5. Mai, indem er diesen Akt als explizit undemokratisch bewertet und den Kommunar-

32 Haupt, Heinz-Gerhard / Hausen, Karin: Die Pariser Kommune – Erfolg und Scheitern einer Revolution. Frankfurt/M. 1979, S. 146.

den unterstellt: »Die Freiheit hätte bis nach dem Sieg warten müssen.«[33] Die Kommune erscheint bei ihm als eine Ordnung, die nahezu jede Form der Opposition unterdrückte. Dagegen spricht die Einschätzung der Pariser Presselandschaft während der Kommune durch Koechlin: »Wer heute die Zeitungen, die vom 18. März bis zum 23. Mai 1871 in Paris erschienen sind, durchblättert, ist erstaunt, eine grosse Mannigfaltigkeit der Ansichten und nicht nur eine offene, wohlwollende, sondern auch eine versteckte feindselige Kritik an den militärischen und zivilen Einrichtungen der mit dem Tode ringenden Commune zu finden.«[34] Offenbar hat es beide Tendenzen innerhalb der Kommune gegeben: Die Kräfte, die den politischen und militärischen Feind in Versailles mit allen Mitteln haben schlagen wollten, und jene, die sich um keinen Preis mit dem Gegner gemein machen wollten und von daher jede Form der Repression gegen ihn ablehnten.

Mit der Verschlechterung der militärischen Lage für die Kommune haben sich dann mehr und mehr die zentralistischen Positionen durchgesetzt, die am 1. Mai zur Gründung eines Wohlfahrtsausschusses führten. Diese Institution, die der Französischen Revolution von 1793 entlehnt war, führte zu einer zeitweisen Spaltung des Kommunerates. In diesem Zusammenhang erinnert Bruhat an die Verwurzelung vieler Kommunarden in den Traditionen der Französischen Revolution. Deren Interesse an einem zentralistischen Wohlfahrtsausschuss war aber auch der Tatsache geschuldet, dass sich mit der desolaten militärischen Lage auch die Situation in der Stadt und in der Verwaltung mehr und mehr zugespitzt hatte, – und kann auch als Hoffnung interpretiert werden, »durch Zentralisierung dem

33 Tombs, Robert: The Paris Commune 1871. London 1999, S. 80; Übersetzung: F. G.

34 Koechlin, Heinrich: Die Pariser Kommune von 1871 im Bewußtsein ihrer Anhänger. Basel 1950, S. 135.

Chaos abhelfen zu können.«[35] Folgt man dieser Einschätzung, so lässt sich die Einführung dieses Ausschusses weniger als Entfernung von demokratischen Prinzipien werten, denn vielmehr als verzweifelten Versuch, die Kommune zu retten. Der Einwand, dass beides in seiner Konsequenz zu einem Abbau von Demokratie führe, ignoriert einen eklatanten Unterschied: Die Preisgabe demokratischer Prinzipien würde eine Veränderung in der Haltung der Kommunarden bedeuten, die verzweifelte Verteidigung hingegen enthält nach wie vor die Möglichkeit einer angestrebten radikalen Demokratie.

In Anbetracht der hier angeführten Tatsachen lässt sich feststellen, dass sämtliche programmatischen und politischen Akte der Kommune letztlich von den besonderen Bedingungen des Krieges und der Belagerung geprägt waren, also mehr durch die täglichen Zwänge als durch Zielvorstellungen oder gar Weltanschauungen. Deshalb konnte die Revolutionierung des kommunalen Staatswesens kaum mehr sein »als Stückwerk oder Verheißung für die Zukunft«[36]. Vorsichtig ist auch Volker Hunecke zuzustimmen, wenn er in der Pariser Kommune den Auftakt zu einer »neuen Staatsform im Entstehen«[37] sieht. Mindestens ebenso vorsichtig sollte man bei der Benutzung des Begriffs Sozialismus in Bezug auf die Pariser Kommune sein. Vieles von dem, was die Kommunarden taten – Trennung der Kirche vom Staat, unentgeltliche Schulbildung oder die Adoption der Waisen durch die Kommune –, haben sich auch Sozialisten auf die Fahnen geschrieben, aber innerhalb der Kommune wirkten so viele unterschiedliche gesellschaftliche Kräfte, dass es nahezu als Anmaßung erschiene, für ihre Beschreibung einen derartig

35 Haupt, Heinz-Gerhard / Hausen, Karin: Die Pariser Kommune – Erfolg und Scheitern einer Revolution. Frankfurt/M. 1979, S. 182.

36 Ebenda, S. 172.

37 Hunecke, Volker: Die Pariser Kommune von 1871. In: Neue Politische Literatur XIX. Jg. 1974, S. 104; Übersetzung: F. G.

anspruchsvollen Begriff zu verwenden. Trotzdem bleibt festzuhalten: Es war der Rat der Pariser Kommune, der in den Tagen, in denen er – mit den Nationalgardisten, den Arbeitern in den Betrieben, den politischen Clubs und Komitees in den Stadtteilen und den politisch aktiven Frauen – die Geschicke von Paris (mit-)bestimmte, nach neuen Wegen suchte, wie die bislang von Herrschaft betroffenen Menschen die Macht in die eigenen Hände nehmen können, und tastend die ersten Schritte auf diesem Wege ging. Ungeachtet aller Widersprüche, Fehler und Irrwege im Handeln des Kommunerats ist deshalb Bertolt Brecht zuzustimmen, wenn er konstatiert, dass die Kommunardinnen und Kommunarden Vorboten einer neuen Zeit waren.

1.
Die wichtigsten politischen Strömungen innerhalb der Kommune

Folgt man der Darstellung von Prosper Lissagaray, dann wirkten im Rat der Kommune Menschen unterschiedlicher Weltanschauungen mit- und bisweilen nebeneinander. Diese Zusammenarbeit an der gemeinsamen Verteidigung der neu geschaffenen Ordnung in Paris erscheint in der Rückschau als eine der Stärken der Kommune, obgleich die unterschiedlichen Konzepte der AkteurInnen auch zu erheblichen Konflikten und Reibungsverlusten führten. Daher ist es sinnvoll, vor der Darstellung der programmatischen Äußerungen der Kommune einen Blick auf die im Paris des Frühjahrs 1871 wirksamen politischen Strömungen zu werfen.

Der marxistische Historiker Jean Bruhat hat nach einer Untersuchung der Kräfteverhältnisse innerhalb der Kommune festgestellt, dass eine Mehrheit der AktivistInnen sozialistische Positionen vertrat. Allerdings handelte es sich in den meisten Fällen um Positionen des vormarxistischen Sozialismus. In erster Linie folgten die Aktiven der Kommune den Vorstellungen von Auguste Blanqui oder Pierre-Joseph Proudhon. Die Anhänger des an Marx orientierten Sozialismus beteiligten sich aktiv an den Kämpfen der Kommune und wirkten etwa in deren Kommission für Arbeit, Industrie und Handel tatkräftig an den am weitesten fortgeschrittenen Dekreten mit. Als organisierte Kraft stellten sie allerdings nur eine Minderheit dar. Neben den so beschriebenen Sozialismen ihrer Zeit verfolgten viele Kommunardinnen und Kommunarden aber auch das Ziel einer Neuauflage der Jakobinerherrschaft des Jahres 1794. Und obwohl die jakobinische Politik die Interessen der armen Bevölkerungsteile wahrnahm, muss sie insgesamt in ihrer politischen Agenda als rückwärtsgewandt und für das Jahr 1871 als anachronistisch bezeichnet werden. Eine eingehende Auseinandersetzung mit ihren politischen Vorstellungen soll in diesem Zusammenhang unterbleiben. Im Folgenden werden nur die entscheidenden Pfeiler der Überlegungen von Proudhon und die wichtigsten Einlassungen Blanquis zu strategischen Fragen revolutionärer Bewegungen dargestellt, um auf ihrer Grundlage die programmatischen Schritte und Dokumente der Pariser Kommune einordnen zu können.

Pierre-Joseph Proudhon wurde 1809 geboren und stammte aus einer Bauernfamilie aus dem französischen Jura an der schweizerischen Grenze. Teile seiner Familie hatten den Aufstieg in den städtischen Mittelstand vollzogen und arbeiteten im Staatsdienst. Er selbst verwarf die Möglichkeit, den bäuerlichen Betrieb seines Vaters weiterzuführen, und zog nach einer Druckerlehre in Besançon als junger Mann nach Paris, wo er autodidaktisch vor allem philosophische und soziologische Texte studierte. Er erlebte die fortschreitende Verarmung und Proletarisierung der Bauern und des Mittelstandes. Deshalb wandte er – nach der Auseinandersetzung mit religiösen Themen – sein Interesse der so genannten sozialen Frage zu und verfasste in den folgenden Jahren zahlreiche Schriften, die ihm auch Einfluss in den politischen Debatten seiner Zeit verschafften. Nach der Februarrevolution von 1848 wurde er Mitglied der Nationalversammlung und versuchte, durch die Gründung einer Volksbank, die kostenlose Kredite vergeben sollte, seinen Überzeugungen auch praktische Wirksamkeit zu geben. Proudhon starb im Jahre 1865.

Die wohl meistzitierte Sentenz von Proudhon lautet: »Warum also kann ich auf die Frage: ›Was ist Eigentum?‹ nicht [...] antworten: ›Es ist Diebstahl‹, ohne allgemein unverstanden zu bleiben?«[38] In dem Text von 1840, dem dieses Zitat entnommen ist, führte Proudhon aus, dass das Eigentum, im Sinne des kapitalistischen Eigentums an Produktionsmitteln, zur Ungleichheit zwischen den Menschen führt, weil es die Einen zum Verkauf ihrer Arbeitskraft zwingt, während Andere in der Lage sind, die Früchte dieser Arbeit zu Unrecht zu genießen. Ausgehend von dieser Beschreibung erkennt er den tief greifenden Interessengegensatz von Kapital und Arbeit, der zu einer Feindschaft führen muss. Insofern hat Proudhon durchaus gesehen, dass es in der Gesellschaft gegensätzliche Klassen gibt, die aufgrund ihrer unterschiedlichen Zugriffsmöglichkeiten auf die gesellschaftliche Produktion in einem beständigen Kampf miteinander liegen. Es verwundert daher nicht, dass der junge Marx diese Analysen von Proudhon geschätzt hat. Doch Proudhon ist auf der Grundlage dieser Erkenntnisse einen anderen Weg gegangen als Marx. So lehnte Proudhon jede Form von Gewalt ab und damit auch den revolutionären Weg der Emanzipation der Arbeit. Vielmehr setzte er darauf, durch die Gründung von Genossenschaften oder durch die bereits erwähnte Volksbank den Besitz der Kleineigentümer vor der Übernahme durch Ka-

38 Proudhon, Pierre-Joseph: Was ist das Eigentum? In: Ders.: Ausgewählte Texte. Stuttgart 1963, S. 1.

pitalisten zu schützen, beziehungsweise Arbeitern zu bescheidenem Eigentum zu verhelfen. Genau genommen zielt Proudhon daher nicht auf die Abschaffung des Privateigentums an sich, sondern lediglich auf die Erhaltung der Existenzgrundlagen des Kleinbürgertums. Es ging ihm konkret um die Entschärfung der Widersprüche des Kapitalismus, um eine Proletarisierung des Kleinbürgertums zu verhindern. Folgt man dieser Interpretation des Werkes von Proudhon, dann kommt man fast zwangsläufig zu der Einschätzung von Karl Marx: Proudhon wolle »als Mann der Wissenschaft über Bourgeois und Proletariern schweben; er ist nur der Kleinbürger, der beständig zwischen dem Kapital und der Arbeit, zwischen der politischen Ökonomie und dem Kommunismus hin- und hergeworfen wird.«[39]

Trotz dieser offenkundigen Ambivalenz erlangten Proudhons Werke eine starke Wirkung in der entstehenden Arbeiterbewegung. Diese Popularität erklärt sich daraus, dass Proudhon die Vision einer neuen Gesellschaft entwickelt hat, die vor allem den Arbeitern und Bauern die Perspektive einer gleichberechtigten Teilhabe an der Gesellschaft und ihrer Gestaltung versprach und gleichzeitig jede Form von Autorität negierte. Es ist genau diese Erbschaft Proudhons, die in den verschiedenen Traditionslinien des Anarchismus lebendig geblieben ist. Unter den Kommunardinnen und Kommunarden wirkte in erster Linie die Vorstellung eines Zusammenlebens im Gemeinwesen fort, das auf jede Repression, auch gegen den politischen Gegner, verzichten kann.

Louis-Auguste Blanqui wurde 1805 als Sohn eines Staatsbeamten geboren. Aufgewachsen in einer bürgerlichen Familie im Ersten Kaiserreich unter Napoleon Bonaparte erlebte Blanqui

---

39 Marx, Karl: Das Elend der Philosophie. In: MEW 4, S. 144.

die Widersprüche des nachrevolutionären Frankreich. Auf der einen Seite war die Geschichte der Revolution von 1789 nach wie vor lebendig. Auf der anderen waren alle sozialen Errungenschaften der ersten Revolutionsjahre bereits nach dem Sturz der Jakobinerherrschaft den ökonomischen Interessen der Bourgeoisie geopfert worden. Im Königreich der nach dem Sturz Napoleons auf den Thron zurückgekehrten Bourbonen wurde die Masse der Bevölkerung noch weiter entrechtet. Teile der jungen Generation maßen die ernüchternde Realität an den Idealen der Revolution. Sie fanden zu einer oppositionellen Haltung und entwickelten eine umstürzlerische Praxis. Zu diesen jungen Franzosen gehörte spätestens seit 1827 auch Blanqui. Er engagierte sich in der Julirevolution 1830, die durch das Großbürgertum, das alle weiter gehenden proletarischen Bestrebungen unterdrückte, beendet wurde. Blanqui war einer der Mitbegründer einer revolutionären Geheimgesellschaft, deren Ziel die Umsetzung der proletarischen Forderungen war. Als diese Gruppe 1832 zerschlagen wurde, erklärte Blanqui vor Gericht, dass die Herrschenden zwar die Gewehre des Julis hätten beschlagnahmen können, »aber die Kugeln sind abgeschossen. Jede Kugel der Pariser Arbeiter ist auf dem Weg um die ganze Welt; sie treffen unaufhörlich; sie werden treffen, bis kein einziger Feind der Freiheit und des Glücks des Volkes sein Haupt erhebt.«[40] Diese Überzeugung bildete gleichsam den Grundton des weiteren Lebens von Auguste Blanqui, der in den kommenden Jahrzehnten immer wieder führend an Verschwörungen, der Organisation von Aufständen und militanten Aktionen gegen die herrschenden Verhältnisse beteiligt war und dafür insgesamt mehr als dreißig Jahre im Gefängnis verbrachte, bis er 1881 starb.

40 Blanqui, Auguste: Der Prozeß der Fünfzehn. In: Ders.: Instruktionen für den Aufstand – Aufsätze, Reden, Aufrufe. Frankfurt/M. 1968, S. 62.

Die politökonomischen und sozialen Analysen Blanquis waren stets umstritten oder wurden oft belächelt. So stellte etwa Friedrich Engels fest, Blanqui habe kein Konzept für die Beseitigung der sozialen Ungleichheiten im Kapitalismus. Er sei daher Sozialist nur dem Gefühl nach, weil er mit dem leidenden Volke sympathisiere. Engels erblickte in Blanqui nur mehr einen »Revolutionär der vorigen Generation«, der die Revolution mit einer kleinen Gruppe von Verschwörern für das Volk machen zu können glaubt. Engels verwarf diesen Gedanken und warnte vor der Diktatur der revolutionären Gruppe, die aus diesem Konzept zwangsläufig erwachse; einer Diktatur »wohlverstanden, nicht der ganzen revolutionären Klasse, des Proletariats, sondern der kleinen Zahl derer, die den Handstreich gemacht haben«[41]. So zutreffend die Einschätzung und die Warnung auch sein mögen, so bleibt doch festzuhalten, dass Blanqui durchaus über ein Verständnis von der Klassenspaltung der kapitalistischen Gesellschaft verfügte. In einem Brief an einen politischen Freund nahm er für sich in Anspruch, die entscheidenden Parteien bei ihrem wahren Namen – Bourgeois und Proletarier – zu nennen, die sich in erster Linie dadurch unterschieden, dass die eine im Besitz der Produktionsmittel und die andere gezwungen ist, ihre Arbeitskraft zu verkaufen. Zu Recht betonte Engels indes, dass Revolutionen nur in revolutionären Situationen erfolgreich sein können. Diese Einsicht hatte Blanqui nicht. Nach seiner Überzeugung entspringen Revolutionen dem eisernen Willen und der geschickten Vorbereitung einer Minderheit verschworener Revolutionäre. Sehr zutreffend ist daher auch Engels' Einschätzung, Blanqui sei im Wesentlichen ein »Mann der Tat« gewesen.

Entsprechend seinem eigenen Diktum, die Pflicht eines Revolutionärs sei es, »immer zu kämpfen, trotzdem zu kämpfen,

41 Engels, Friedrich: Flüchtlingsliteratur – Programm der blanquistischen Kommuneflüchtlinge. In: MEW 18, S. 529.

bis zum Tod zu kämpfen«[42], kümmerte Blanqui sich in der Tat wenig um politische und ökonomische Entwicklungen. Ihm reichte die Erfahrung, dass es Arme und Reiche und die damit verbundene Ungerechtigkeit gab, um die Legitimität der herrschenden Ordnung zu bestreiten. Daher galt sein Interesse vor allem der Formulierung von strategischen und taktischen Regeln für den Aufstand. Es liegt auf der Hand, dass eine solche Beschränkung dem Blanquismus enge – nicht zuletzt waffentechnische – Grenzen setzt. Gleichwohl soll nicht vergessen werden, dass Blanqui zu Lebzeiten von breiten Schichten der französischen Armutsbevölkerung als General der Revolution verehrt wurde und trotz der wiederkehrenden Niederlagen seiner Aktionen politische Wirksamkeit entfaltete. Der deutsche Philosoph Walter Benjamin erklärte diese Wirksamkeit Blanquis mit dessen Fähigkeit, das Hauptaugenmerk seiner Agitation auf die konkret erlebbaren Widersprüche zu legen und auf die direkte Aktion zu ihrer Überwindung zu lenken. Auf diese Weise – schrieb Benjamin – lehrte Blanqui der Arbeiterklasse den Hass und den Opferwillen. »Denn beide nähren sich an dem Bild der geknechteten Vorfahren, nicht am Ideal der befreiten Enkel.«[43] Trotz der beschriebenen Grenzen der Überlegungen Blanquis mag es diese Unmittelbarkeit seiner Orientierungen gewesen sein, die vielen Kämpferinnen und Kämpfern der Kommune einen festen Kompass versprach. Der Griff zu diesem Handwerkszeug wäre angesichts der militärischen Bedrohung der Kommune durch die Truppen in Versailles umso verständlicher, weil er eine adäquate Antwort auf deren Gewalt geben konnte.

---

42 Blanqui, Auguste: Instruktionen für den Aufstand. In: Ders. (Hg. von Frank Deppe): Instruktionen für den Aufstand – Aufsätze, Reden, Aufrufe. Frankfurt/M. 1968, S. 163.

43 Benjamin, Walter: Über den Begriff der Geschichte. In: Ders.: Gesammelte Werke, Bd. 2. Frankfurt/M. 2011, S. 963.

2.
Programmatische Entscheidungen des Kommunerates

Wenn man sich die so skizzierten unterschiedlichen politischen Vorstellungen der Kommunardinnen und Kommunarden vor Augen hält, dann verwundert es nicht, dass die meisten Geschichtsschreiber die programmatischen Positionen der Pariser Kommune für vage halten. Trotzdem gab es Entscheidungen, die über die Organisierung des Überlebens in Paris und die Aufrechterhaltung der Stadtverwaltung hinausgingen. Fraglos scheint auch das Bild einer neuen, nichtkapitalistischen Ordnung auf, wenn die militärische Verteidigung durch die allgemeine Volksbewaffnung in den Reihen der Nationalgarde organisiert oder wenn Fabriken, deren Eigentümer nach Versailles geflohen waren, an die Arbeiter übergeben wurden. Ähnliches gilt auch für das Verbot von Lohnkürzungen als Strafe am Arbeitsplatz oder das Verbot der Nachtarbeit von Bäckergesellen. Jedoch können alle diese Maßnahmen der Kommune auch als aus der Not der Situation geborene und zeitgebundene Maßnahmen verstanden werden. Um sicher zu gehen, dass es den Mitgliedern des Kommunerates tatsächlich um die dauernde Realisierung einer radikalen Demokratie in einer sozialen Republik ging, bedarf es des Nachweises einer entsprechenden Willenserklärung des Kommunerates. Eine solche Erklärung hat es in den ersten Wochen der Kommune nicht gegeben. Erst ab Anfang April rang sich der Kommunerat zu Entscheidungen durch, die die gesellschaftlichen Verhältnisse hätten nachhaltig verändern können. Diese Dekrete und Programme wurden aber erst veröffentlicht, als am 2. April die Truppen aus Versailles offen den Krieg gegen Paris begonnen hatten. Auf den ersten Blick erscheint dieser Zusammenhang als Widerspruch. Doch der Beginn der Kampfhandlungen hatte deutlich gemacht, dass eine Verständigung mit Versailles unmöglich war, und zugleich hatten sich angesichts des Krieges die letzten bürgerlichen Vertreter aus dem Kommunerat zurückgezogen. Daher ist der Zusammenhang zwischen Kriegsbeginn und einer eindeutigeren Positionierung der Kommune weniger widersprüchlich, als vielmehr nur in dieser Form denkbar.

Als Programm und Testament der Kommune wird mitunter ein Beschluss des Kommunerates vom 19. April bezeichnet, mit dem er sich an das französische Volk wenden wollte. In diesem Text wurden Forderungen gestellt, die Selbstbestimmungsrechte der Kommunen in ganz Frankreich zu garantieren. Doch die Formulierungen blieben seltsam vage. So insistierten die Autoren etwa auf dem Recht der Gemeinden, ihre inneren Angelegenheiten eigenständig zu regeln, ohne gleichzeitig zu beschreiben, wie die Zusammenarbeit der einzelnen Kommunen zu gestalten wäre. Lissagaray lässt daher an diesem Dokument kaum ein gutes Haar, weil es nicht in der Lage gewesen sei, den Menschen in der französischen Provinz einen schlüssigen Weg zu ihrer eigenen Befreiung aufzuzeigen. Zudem wurde in diesem Dokument – so Lissagaray weiter – vergessen, dass »es noch andere Völker, daß es draußen eine Arbeiterfamilie gab. Als alle Bourgeoisien derselben verbündet gegenüber standen, schien Paris gar nicht zu ahnen, daß es der Kämpe der Arbeit und daß die Commune von 1871 die Nachfolgerin der Commune von 93 war, welche die ganze Menschheit anrief.«[44] Die Erklärung an das französische Volk musste daher sowohl aufgrund der genannten inhaltlichen Schwächen als auch aufgrund der allgegenwärtigen Gegenpropaganda aus Versailles ihre Wirkung außerhalb der Stadt verfehlen.

Sehr viel eindeutiger als die genannte Erklärung nahm der Kommunerat die Aufgaben in Angriff, die das Leben in Paris an ihn herantrug. So erließ er am 2. April – dem Tag der

---

44 Lissagaray, Prosper: Geschichte der Commune von 1871. Frankfurt/M. 1971, S. 197.

ersten Kampfhandlungen mit Versailles – das Dekret über die Trennung von Kirche und Staat: »Die Kommune von Paris, in Erwägung, daß der erste Grundsatz der französischen Republik die Freiheit ist, in Erwägung, daß die Gewissensfreiheit die erste aller Freiheiten ist, in Erwägung, daß das Kultusbudget diesem Grundsatz widerspricht, [...] in Erwägung schließlich, daß die Geistlichkeit an dem Verbrechen der Monarchie gegen die Freiheit mitschuldig war, verordnet: [...] Die sogenannten Güter der Toten Hand, bewegliche und unbewegliche, die sich im Besitz religiöser Körperschaften befinden, werden zu Nationaleigentum erklärt [...].«[45] Mit diesem Dekret entmachtete die Kommune nicht nur die Kirche, sondern schuf gleichzeitig die Grundlage für eine Umgestaltung des Schulwesens, das sich zukünftig nicht mehr an religiösen Heilslehren, sondern ausschließlich an experimentellen oder wissenschaftlichen Methoden orientieren sollte, wie es die Pariser Gesellschaft für Neue Erziehung in einem Gesuch an den Kommunerat formuliert hatte. Angesichts der militärischen Bedrohung der Kommune würde es nicht verwundern, wenn die so aufgestellten Zielvorstellungen Postulat geblieben wären. Doch ausgerechnet auf dem Feld der Pädagogik ging die Kommune konkrete Schritte zur Umsetzung ihrer Selbstverpflichtungen. Noch im Mai – wenige Tage vor dem Sturm der Versailler Truppen auf die Stadt – forderte der Bildungsdelegierte der Kommune die Verantwortlichen in den Stadtteilen auf, umgehend Berufsschulen zu eröffnen, in denen alle jungen Menschen neben der Ausbildung in einem ihnen entsprechenden Beruf auch literarisch und wissenschaftlich gebildet werden sollten. Am gleichen Tag gab das Museum für Naturgeschichte bekannt, dass es weiterhin an zwei Tagen in der Woche für Besucherinnen und Be-

45 Dekret der Pariser Kommune vom 2. April 1871 über die Trennung von Staat und Kirche. In: Günther, Karl-Heinz u. a. (Hg.): Quellen zur Geschichte der Erziehung. Berlin/DDR 1971, S. 297.

sucher zur Verfügung stehe. Selbst unter ständigem feindlichen Beschuss kam das kulturelle Leben im Paris der Kommune also nicht zum Erliegen.

Neben diesen im engeren Sinne programmatischen Aussagen der Kommune gab es politische Akte, die einen Blick auf die mögliche Entwicklungsrichtung eröffneten, ohne im eigentlichen Sinne konkrete Weichenstellungen für eine zukünftige Praxis gewesen zu sein. In diese Kategorie gehört die öffentliche Verbrennung der Guillotine am 6. April. Sie manifestiert eine Haltung zur Gewalt, die in der Pariser Kommune stets präsent war. So gab der aus Russland stammende und in den Reihen der Nationalgarde kämpfende Revolutionär P. L. Lavrov in seinem Buch über die Pariser Kommune den Historiker Arthur Arnould wieder, der feststellte, er habe noch nie »eine Versammlung von Menschen gesehen, die einen solchen – sei es instinktiven oder bewußten – Abscheu vor Blutvergießen gezeigt hätte, eine solche unbesiegbare Antipathie gegenüber der Todesstrafe«[46] wie die Kommunardinnen und Kommunarden von Paris. Vor diesem Hintergrund gewinnt die Verbrennung der Guillotine Symbolcharakter – als Willenserklärung zur Abschaffung der Todesstrafe, obwohl sie nicht durch einen Beschluss des Kommunerats gedeckt war, sondern auf Initiative eines Komitees der Kommune in einem Stadtbezirk ausging und von einem einzelnen Bataillon der Nationalgarde ausgeführt wurde.

Auch der am 16. Mai durchgeführte Abriss der Vendôme-Säule mit dem Standbild Napoleons I. war eine symbolische Handlung und wurde in Versailles durchaus als solche begriffen. Im Tagesbefehl vom gleichen Tag an die Paris attackierenden Truppen beklagte deren Kommandant den Fall der Säule

---

46 Lavrov, P. L.: Die Pariser Kommune vom 18. März 1871. Berlin (West) 1971, S. 128.

und beschwor den nationalen Ruhm und die militärischen Tugenden, für die sie gestanden habe. Er forderte die Soldaten auf, im Geist dieser Werte mit Hingebung und Tapferkeit zu kämpfen. Ganz offensichtlich hatte der Kommandierende aus Versailles die Kommunardinnen und Kommunarden richtig verstanden, denn das Dekret zum Abriss der Säule liest sich wie das humanistische Gegenstück zum Versailler Tagesbefehl:

> »In Anbetracht dessen, daß die kaiserliche Säule auf der Place Vendôme ein Monument der Barbarei ist, ein Symbol brutaler Gewalt und falschen Ruhms, eine Lobpreisung des Militarismus, eine Absage an das internationale Recht, eine ständige Beleidigung der Besiegten durch die Sieger, ein fortwährender Angriff auf eines der drei großen Prinzipien der Französischen Republik, nämlich die Brüderlichkeit, soll die Säule auf der Place Vendôme zerstört werden.«[47]

Zusammenfassend bleibt festzuhalten, dass der Rat der Kommune Zeit seiner Existenz ein Abbild der unterschiedlichen Strömungen innerhalb der republikanischen Bewegung Frankreichs war. In ihr stellte die sozialistische Arbeiterbewegung eine wichtige, aber nicht die größte Gruppe. Im Rat der Kommune mussten daher auch die Auseinandersetzungen aufbrechen, die in den Bewegungen virulent waren. Aufgrund der Dringlichkeit der in Paris anstehenden Entscheidungen wurden die Debatten mit enormer Heftigkeit geführt. Es gehört zur Tragik der Pariser Kommune, dass diese Klärung nicht herbeigeführt werden konnte, sondern zur zeitweiligen Spaltung des Rats führte, womit notwendige Entscheidungen blockiert wurden. Gleichzeitig kann es aber auch als Stärke der Kommune verstanden werden, dass die Spaltung zu keinem Zeitpunkt so weit getrieben wurde, dass das gemeinsame Ziel der Kommunardinnen und Kommunarden verleugnet wurde. Auf der Grundlage dieser

47 Dekret der Kommune, zit. nach Bruhat, Jean / Dautry, Jean / Tersen, Emile: Die Pariser Kommune von 1871. Berlin/DDR 1971, S. 157.

prinzipiellen Gemeinsamkeit der revolutionären Kräfte in Paris konnten – trotz aller Widersprüche und Auseinandersetzungen – überkommene politische Konzepte an der gesellschaftlichen Realität geprüft und eventuell überwunden werden. Zugleich war, so Karl Marx, die Kommune »die endlich entdeckte politische Form, unter der die ökonomische Befreiung der Arbeit sich vollziehen«[46] könne.

VI.
Die Frauen in der Pariser Kommune

> Heut' kühlen alle Küchen aus, / die Frauen bleiben nicht zu Haus / zum Kochen und Schaffen. / Sie ziehen zum Kommunehaus / und fordern: gebt Gewehre aus, / gebt uns Frauen Waffen!
>
> *Schmetterlinge*[48]

Im Rat der Kommune und im Zentralkomitee der Nationalgarde wurde über Stunden, Tage und Wochen um den richtigen Weg der Pariser Kommune gerungen. Gleichzeitig wurde dort auch das Fundament für das Funktionieren der städtischen Infrastruktur gelegt. Nicht zu vergessen ist, dass es bei Diskussionen oder einem engagierten Kraftakt einiger Revolutionärinnen und Revolutionäre geblieben wäre, wenn sie nicht von vielen Menschen in Paris gestützt, gedrängt und unterstützt worden wären. Das Paris des Frühlings 1871 wird als sowohl ruhig und entspannt und zugleich in hohem Maße politisiert beschrieben. Dort wirkten vor allem Clubs und Komitees, die ihre Ansichten und ihre Organisationskraft in die Auseinandersetzungen in und um Paris einbrachten. Sie spiegelten die in

48 Schmetterlinge: Die Frauen der Kommune, aus: Proletenpassion, 1977, LP (Antagon Musikgesellschaft).

der Stadt wirksamen politischen Kräfte wider und konnten auf eine Tradition verweisen, die bis in die Französische Revolution zurückreichte. Unter den Bedingungen der preußischen Belagerung entstanden auch reine Frauenorganisationen, die sich in der Folgezeit aktiv in der Tagespolitik der Kommune engagierten. Die Frauen von Paris verabschiedeten sich damit von der alten Geschlechterrolle, wonach Politik und Kampf Männersache seien. Aus diesem Grunde verdient die Arbeit der Pariser Frauenorganisationen eine detailliertere Darstellung.

Die bekannte Kommunardin Louise Michel schildert in ihren Memoiren die Tage der Kommune auf wenigen Seiten. Dabei legt sie Wert auf die Feststellung, dass sie ständig aktiv war, ohne im Einzelnen zu berichten, was sie persönlich für die Kommune geleistet hat. Ihr Text ist jedoch ein Lob auf die Frau der Kommune, von der sie schrieb, dass sie »eher als der Mann imstande [ist], zu sagen, Es [sic!] muß sein. Mag sie sich auch bis ins Innere zerrissen fühlen, sie bleibt gelassen. Ohne Haß, ohne Zorn, ohne Mitleid weder mit sich, noch mit anderen, es muß sein, ob das Herz blute oder nicht. So waren die Frauen der Kommune ...«[49] Louise Michel war daher überzeugt, dass die Reaktion – hätte sie unter den Frauen so viele Feinde gehabt, wie unter den Männern – noch größere Schwierigkeiten bei der Eroberung von Paris bekommen hätte. Diese Überzeugung der Kommunardin spricht für die Entschlossenheit der aktiven Frauen in Paris. Dass Frauen bei der Gestaltung des Alltags und des Kampfes der Kommune eine wichtige Rolle gespielt haben, berichtet auch Lissagaray. Ein Grund unter anderen war, dass die Organisierung von Lebensmitteln und Brennmaterial während der preußischen Belagerung lebensnotwendig war und die Frauen daran einen entscheidenden Anteil hatten. Auf dieser Grundlage entstanden (weibliche) Netzwerke in den Stadttei-

49 Michel, Louise: Memoiren. Frankfurt/M. 1977, S. 131.

len, die zur Basis der Politisierung der Frauen wurden. Sie waren direkt betroffen von den Härten des Krieges und waren auch Nutznießerinnen der Dekrete der Kommune. Ihre Parteinahme für die Kommune folgte daher weniger theoretischen Erwägungen als vielmehr ihren unmittelbaren Lebensinteressen.

Die meisten Kommunardinnen waren bei der Versorgung der Kämpfer der Nationalgarde oder bei der Pflege der Verwundeten aktiv. Sie stritten aber auch in den Debatten dafür, dass es der Kommune gelingen möge, die frauenfeindlichen Tendenzen innerhalb der revolutionären Bewegung zu überwinden, die auf den Schriften Proudhons fußten, oder darum, die gleichen Rechte der Frauen in Gesellschaft, Beruf und Ausbildung durchzusetzen. Sie ergriffen auch die Waffe und kämpften in den Reihen der Nationalgarde. Dass die organisierten Frauen durchgängig gleiche Positionen vertraten, ist unwahrscheinlich. Vielmehr wiederholten sich in den Frauenorganisationen die Konflikte, die auch die Diskussionen in den offiziellen Gremien der Kommune prägten. Auf der einen Seite standen die an der Basis der Pariser Stadtteile verankerten Wachsamkeitskomitees (Comités de Vigilance) und auf der anderen Seite die später entstandene, mitgliederstarke Union des Femmes.

Insbesondere das Comité de Vigilance de Montmartre machte sich einen Namen, weil seine Mitglieder gezielt Vorträge zu frauenpolitischen Themen vorbereiteten, um sie auf Veranstaltungen von politischen Clubs vorzutragen. Zur gleichen Zeit vernachlässigten sie aber auch nicht die praktischen Notwendigkeiten des alltäglichen Lebens und der Verteidigung der Stadt. Allerdings verhehlten sie auch nicht ihre Kritik an Entscheidungen der Kommune. So fand etwa der Befehl des Oberkommandierenden der Nationalgarde, Frauen den Zutritt zu den Schlachtfeldern – sowohl als Kämpferin als auch als Sanitäterin – zu verwehren, den deutlichen Widerspruch des Komitees. Es erkannte darin eine Diskriminierung der Frauen, eine Verletzung der Prinzipien der Kommune und darum eine Gefährdung der Kommune selbst.

Angesichts der tödlichen Bedrohung durch die Truppen aus Versailles wurde auch unter Frauen diskutiert, ob in einer solchen Situation Kritik an den Entscheidungen der Kommune nützlich sei. So zum Beispiel die russische Revolutionärin Elisabeth Dmitrieff, die u. a. auch in der Kritik eine Gefahr für die Kommune erblickte. Daher appellierte sie im April mit einem Text, der in mehreren Pariser Zeitungen erschien, an die Frauen von Paris, den Kampf der Männer vorbehaltlos zu unterstützen und selber zu kämpfen: »Und wenn wir auch keine Gewehre und keine Bajonette haben, so bleiben uns doch die Pflastersteine, um die Verräter zu zermalmen.«[50] Im gleichen Aufruf regte Dmitrieff die Gründung eines Frauenverbandes – der Union des Femmes – an, der schließlich zur größten Frauenorganisation der Kommune wurde. Gestützt auf diese Organisation argumentierte Elisabeth Dmitrieff, dass die Kommune mehr Kraft darauf verwenden müsse, die Frauen an sich zu binden. Sie forderte deshalb, dass die Kommune den werktätigen Frauen und Männern die gleichen Löhne zu zahlen habe und zudem Frauenkooperativen bei der Erteilung von Aufträgen bevorzugen solle, um so die Erwerbsarbeit von Frauen zu fördern. Darüber hinaus drängte Elisabeth Dmitrieff beim Kommunerat darauf hin, dass dieser in Fragen, die das Leben von Frauen berührten, ausschließlich die Union des Femmes konsultieren solle.

In der täglichen Arbeit bestand also zwischen den Wachsamkeitskomitees und der Union des Femmes kaum ein Unterschied. Trotzdem gab es zwischen beiden schwere Konflikte, weil ihrem Handeln jeweils ein unterschiedliches Verständnis der revolutionären Bewegung zugrunde lag. Die Wachsamkeits-

---

50 Dmitrieff, Elisabeth, zit. nach Schrupp, Antje: Nicht Marxistin und auch nicht Anarchistin – Frauen in der Ersten Internationale. Frankfurt/M. 1999, S. 131.

komitees waren in erster Linie Organe der Selbstorganisation der Einwohnerinnen und Einwohner in den Quartieren. Sie konnten und mussten daher direkt an den Problemen der Menschen vor Ort ansetzen. Das galt natürlich auch für solche Komitees, die ausschließlich von Frauen gebildet wurden. Die Union des Femmes hingegen war in ihrer Struktur eher eine zentralistische Organisation. Sie war daher wohl besser als die Komitees in der Lage, eine in ganz Paris wirksame Politik zu entfalten. Andererseits war sie jedoch tendenziell blind für die alltäglichen Sorgen und Nöte in den Stadtteilen. Auf dieser Grundlage vermochte die Union zwar die Einbeziehung der Frauen in die entschiedene Verteidigung der Stadt zu organisieren, aber sie ergab sich – so die Kritik aus dem Wachsamkeitskomitee von Montmartre – angesichts der von Versailles ausgehenden Brutalität einer Logik des Krieges, nach der das Ziel die Mittel heilige.

Ungeachtet der so skizzierten Konflikte in den Frauenorganisationen bleibt festzuhalten, dass es beiden Strömungen der Pariser Frauenbewegung von 1871 gelang, den Frauen in der Stadt eine Stimme zu geben und sie zu einem aktiven Bestandteil der Pariser Kommune werden zu lassen. Wie auch immer ihre Haltung zu den Auseinandersetzungen innerhalb der Kommune aussah, – die Frauen stritten für die Umsetzung eines solidarischen und geschlechtergerechten Zusammenlebens. Für dieses Ziel diskutierten, kämpften und starben Frauen in den Reihen der Kommune. Ihr Engagement erschreckte in erster Linie die Vertreter der alten Ordnung, die keine Anstrengung scheuten, die Kämpferinnen der Kommune als Mannweiber oder gar als Dämoninnen zu diffamieren. Doch auch etlichen Kommunarden waren die selbstbewussten Frauen unheimlich, weil sie durch ihr Tun an der vermeintlich privaten Rollenteilung rüttelten. Das Auftreten der Frauen in der Pariser Kommune stellte insofern auch eine Lektion für die emanzipatorische Gestaltung des Verhältnisses zwischen den Geschlechtern dar. Hatten die Kommunarden zu begreifen, dass Frauen Genossinnen im gemeinsamen Kampf sind, so mussten die Frauen ihrerseits lernen, sich von althergebrachten und verinnerlichten Rollenbildern zu befreien. Das war der Gedanke, den die österreichische Rockband »Schmetterlinge« in ihrer »Proletenpassion« von 1979 ausdrückte, als sie in ihrem Lied über die Frauen der Kommune sang: »Die Frau gehöre unters Dach, / das Kämpfen, das ist Männersach', / das war die alte Weisheit. / Doch hält die Frau nicht länger still, / sie hat erkannt: wer frei sein will, / muss kämpfen um die Freiheit!«[51]

VII. Die Gewalt der Kommunarden

> »Wenn wir auch nur einen Augenblick die Möglichkeit ins Auge fassen, daß wir unterliegen könnten, so müßte die Kommune trotzdem durch ihre Taten leben und deshalb müssen wir größer und besser handeln als unsere Gegner; das Werk der Kommune muß allgemeiner und humanitärer geplant werden als das ihrer Gegner.«
>
> *Ein Kommunarde*[52]

Glaubte man der Propaganda aus Versailles, dann wären die Kommunardinnen und Kommunarden eine Bande von Mordbrennern gewesen. In Wirklichkeit gehen selbst kommunekritische Forscherinnen und Forscher davon aus, dass in den 72 Tagen der Kommune ca. 100 Personen durch die Hände von Kommunarden ihr Leben lassen mussten. Zu ihnen wer-

51 Schmetterlinge: Die Frauen der Kommune, a. a. O.

52 Ostyn, zit. nach Haupt, Heinz-Gerhard / Wilharm, Irmgard: Gewalt und Gewaltlosigkeit in der Pariser Kommune. In: Callies, Jörg (Hg.): Gewalt in der Geschichte – Beiträge zur Gewaltaufklärung im Dienste des Friedens. Düsseldorf 1983, S. 238.

den die beiden Generäle gerechnet, die am 18. März von ihren eigenen Soldaten erschossen wurden, als auch die Opfer einiger Übergriffe, die es in der Zeit der Kommune gegeben haben mag, sowie die 50 Geiseln, die am 26. Mai erschossen wurden als Vergeltung für die Morde, die täglich von den Versaillern an gefangenen Kommune-Angehörigen begangen wurden. Gewaltakte hat es also auch in der Kommune gegeben. Daher ist es notwendig, das Ausmaß, die Art und die Legitimation der von den Kommunardinnen und Kommunarden angewandten Gewalt genauer zu betrachten, um ein fundiertes Urteil formulieren zu können.

Seit dem 2. April ging die französische Regierung mit militärischer Gewalt gegen die Pariser Kommune vor. Die Kommune war daher zur Selbstverteidigung gezwungen, das heißt: mit militärischer Gewalt zu reagieren, wenn sie nicht kampflos aufgeben wollte. Zwar liegt bis heute keine detaillierte Darstellung der strategischen und taktischen Planungen und Operationen der Nationalgarde vor, sämtliche Schilderungen der Kampfhandlungen durch Augenzeugen belegen jedoch sowohl die Entschlossenheit und den Mut der Kämpferinnen und Kämpfer der Kommune als auch die mitunter planlose Kommandoebene. Dieses – auf den ersten Blick widersprüchlich anmutende – Nebeneinander von Engagement und Kopflosigkeit der bewaffneten Kräfte in Paris ergab sich aus der militärischen Unerfahrenheit nahezu aller beteiligten Personen innerhalb der Nationalgarde. Trotzdem ist sich die Geschichtswissenschaft inzwischen einig, dass die Bataillone der Nationalgarde – gerade in den ersten Tagen der Kommune – Möglichkeiten gehabt hätten, Versailles zu bedrängen: Der Marsch auf die Zentrale der französischen Regierung und damit die Forcierung des Bürgerkrieges wären möglich gewesen. Die Pariser Kommune ist diesen Weg nicht gegangen. Man mag das aus heutiger Sicht für einen politischen Fehler halten, doch die Verantwortlichen in der Stadt ließen nichts unversucht, den Bürgerkrieg zu verhindern, der ihnen von Versailles faktisch mit dem versuchten Diebstahl der Geschütze am 18. März erklärt worden war.

In Paris suchte man also die Auseinandersetzung nicht, sondern reagierte auf die Aktionen aus Versailles. Das galt auch für das Dekret über die Geiseln vom 6. April, das erlassen wurde nach den ersten Erschießungen von gefangenen Kämpferinnen und Kämpfern der Kommune durch Soldaten aus Versailles. Es sah vor, dass für alle ermordeten Kombattanten der Kommune die dreifache Anzahl von Gefangenen in Paris hingerichtet werden sollte. Mit der Umsetzung dieses Dekrets hätte sich die Kommune auf die Logik des diktierten Bürgerkriegs eingelassen und die gleichen Methoden der Kriegsführung angewandt wie der Feind. Sie tat dies. Jedoch in ihrer Geschichte nur einmal und auch erst, als die feindlichen Truppen tief in Paris standen und auf den Barrikaden bereits um jeden Meter Straße gefochten wurde. Hält man sich jedoch vor Augen, dass ein Großteil der sozialen Maßnahmen der Kommune während der Kampfhandlungen beschlossen und teilweise umgesetzt wurde, so ist festzustellen, dass die Kommunardinnen und Kommunarden nicht bereit waren, sich ihre gesellschaftliche Umgestaltung vollständig vom Krieg diktieren zu lassen. Die Pariser Kommune hätte unter den Bedingungen des Krieges und der Besatzung zu diktatorischen Mitteln greifen können und sie hatte sich mit dem Geiseldekret und der Gründung des Wohlfahrtsausschusses die Mittel dazu geschaffen. Zwar wirkten in den Gremien der Kommune und in den politischen Clubs von Paris auch Jakobiner, die auf eine Neuauflage entsprechender Maßnahmen der Französischen Revolution drängten und auf den Einsatz von Gewalt und »Terreur« setzten. Ein Blick auf die Debatten der Kommune offenbart aber, dass sich in den entscheidenden Abstimmungen immer die Kräfte durchgesetzt haben, die gegen solche Maßnahmen waren.

Die Gewalt der Kommune manifestierte sich auch in der Gewalt gegen Symbole der alten Ordnung oder gegen das Eigentum offener Feinde. So verfügte der Kommunerat sowohl den Sturz der Vendôme-Säule als auch die Zerstörung des Hauses von Adolphe Thiers. Beides stellte in den Augen der Herrschenden in Versailles einen ungeheuren Angriff auf die Ordnung dar. Es verwundert daher nicht, wenn die Kommunardinnen und Kommunarden von jenen – aber auch von deutscher Seite – als krankhaft dargestellt wurden. In diesem Sinne etwa schilderte der deutsche Offizier August von Holleben seine Wahrnehmung von Paris: »Der Wahnsinn beginnt; als erstes Zeichen desselben tritt die Zerstörungswuth auf: ›Man zerstörte, um zu zerstören, voll Haß gegen eine Civilisation, welche man nicht nach Gefallen vernichten konnte; man machte es wie die Kinder, welche ein Spielzeug zerbrechen, welches man nicht lassen will.‹ Mord und Brand folgen – das Chaos.«[53] Diese Darstellung verschweigt indes den qualitativen Unterschied zwischen der vorherrschenden Gewalt aus Versailles und derjenigen der Kommunardinnen und Kommunarden: Fielen der Gewalt aus Versailles massenweise Kämpfer der Kommune zum Opfer, so haben die Kommunarden Gewalt gegen das Leben ihrer Feinde mit äußerster Zurückhaltung angewandt. Ihre Gewalt war weit weniger Gewalt gegen Menschen als vielmehr gegen die materielle Manifestation von Ideen: Die Vendôme-Säule fiel in erster Linie als ein »Symbol für viehische Gewalt und falschen Ruhm«[54]. Die Zerstörung des Hauses von Thiers war in seiner Zielsetzung zwar persönlich gegen das Oberhaupt der Versailler Regierung gerichtet, blieb in seiner Anwendung aber auch symbolisch.

53 Holleben, Albert v.: Die Pariser Kommune 1871 unter den Augen der deutschen Truppen. Berlin 1897, S. 297.

54 Proklamation der Kommune vom 13. Mai 1871. In: Swoboda, Helmut (Hg.): Die Pariser Kommune 1871. München 1971, S. 239.

Doch die bürgerliche Geschichtswissenschaft verfolgt noch mehr als hundert Jahre nach der Niederschlagung der Kommune diese mit ihrem Hass. So stehen die Auffassungen der Historiker Robert Tombs und Gregor Dallas beispielhaft für eine noch im ausgehenden 20. Jahrhundert wirksame feindliche Haltung gegenüber der Kommune und der sich auf sie beziehenden sozialistischen Bewegung. Tombs etwa bezeichnete noch 1999 die vereinzelten spontanen Racheakte Pariser Bürger gegen Symbole oder Repräsentanten der alten Ordnung – in einer Polemik gegen die positive Bezugnahme auf die Kommune durch Marx – als wichtigsten Ausdruck der Selbstregierung des Volkes. Für Dallas stellen die Geiselerschießungen der Kommunarden den ersten Akt politischen Terrors in der Weltgeschichte dar.

Karl Marx wies zu Recht darauf hin, dass Geiselnahmen und die Erschießung von Geiseln ein unter Kriegsbedingungen »normales« Vorgehen waren. Insofern wird man über die Legitimität dieser Maßnahmen streiten können, der Hass jedoch, der der Kommune aus den genannten Kreisen entgegenschlägt, hat andere Gründe. Es ist der Hass der Herrschenden auf die Subalternen, die einen Befreiungsversuch gewagt haben. Dessen Denunzierung als politischen Terrorismus ist dabei keine Sachbeschreibung, sondern ein Vehikel, um die Pariser Kommune zu delegitimieren.

Freilich gilt auch für die Pariser Kommune, was Rosa Luxemburg meinte, als sie schrieb: »Eine Welt muß umgestürzt werden, aber jede Träne, die geflossen ist, obwohl sie abgewischt werden konnte, ist eine Anklage […].«[55] Doch Luxemburg war von der Notwendigkeit überzeugt, in revolutionären Prozessen den Feind in die Schranken zu weisen. Ihre Position beschreibt

55 Luxemburg, Rosa: Eine Ehrenpflicht. In: Dies.: Gesammelte Werke, Bd. 4. Berlin/DDR 1990, S. 406.

dabei eine wohlbegründete Dialektik von Humanität und revolutionärer Tatkraft. Es ist eine der Besonderheiten der Pariser Kommune, dass in ihren Gremien selbst im Angesicht des militärischen Angriffs um diese Dialektik gerungen wurde. Auf der einen Seite stellten sich die Bataillone der Nationalgarde dem Feind entgegen und gaben keine Position kampflos auf, auf der anderen Seite versuchte die Kommune, wo immer möglich, Blutvergießen zu verhindern. Es erscheint daher angebracht, in der bereits eingangs dieses Abschnitts zitierten Erklärung des Kommunarden Ostyn eine Art programmatische Erklärung der Kommune zur Gewaltfrage zu sehen:

> »Wenn wir auch nur einen Augenblick die Möglichkeit ins Auge fassen, daß wir unterliegen könnten, so müßte die Kommune trotzdem durch ihre Taten leben und deshalb müssen wir größer und besser handeln als unsere Gegner; das Werk der Kommune muß allgemeiner und humanitärer geplant werden als das ihrer Gegner.«[56]

Dieser Anspruch lebt vor allem davon, ein Beispiel geben zu wollen. Ein Selbstverständnis, das sich sowohl in der Politik des Zentralkomitees der Nationalgarde und dem Kommunerat als auch in beider Verhältnis zur Gewalt durchsetzte. Ihre Gewalt war – abgesehen von der unerlässlichen bewaffneten Gegenwehr – ganz überwiegend Gewalt gegen Sachen und mithin symbolische Gewalt. »Die Kommunarden setzten Gewalt nicht nur auf eine andere, begrenztere und kalkulierbare Weise als die bürgerliche Regierung ein, sondern auch eine andere Form von Gewalt.«[57] In Erwägung dieser Fakten ist es gerechtfertigt, von der Kommune als einer »Diktatur des Beispiels«[58] zu reden.

---

56 Ostyn, zit. nach Haupt, Heinz-Gerhard / Wilharm, Irmgard: Gewalt und Gewaltlosigkeit in der Pariser Kommune. In: Callies, Jörg (Hg.): Gewalt in der Geschichte – Beiträge zur Gewaltaufklärung im Dienste des Friedens. Düsseldorf 1983, S. 238.

57 Ebenda.

58 Ebenda.

VIII. Der Untergang der Pariser Kommune

»Die Ströme des besten Menschenblutes, die in den blutigen Maitagen zu Paris vergossen wurden, sie sind zusammengeflossen zu einem großen Meere, zu einem Meer, das gleich dem Ozean zwei Welten voneinander scheidet: die alte Welt der Unterdrückung und Ausbeutung, des Einzelreichthums und des Massenelends [...] von der neuen Welt der politischen und sozialen Befreiung, der sittlichen und geistigen Emanzipation, der allgemeinen Wohlfahrt und des allgemeinen Fortschritts.«

»Der Sozialdemokrat«, 1881[59]

Nachdem die Versailler Truppen am 2. April 1871 die Offensive gegen Paris begonnen hatten, musste sich die Kommune täglich des Ansturms immer neuer Verbände erwehren, die aus der französischen Provinz und nicht zuletzt aus der deutschen Kriegsgefangenschaft an Paris herangeführt worden waren. Über Wochen wechselten die Dörfer, Häuser und Befestigungsanlagen um Paris im erbitterten Kampf immer wieder die Besitzer. Am 21. Mai jedoch gelang den Versailler Truppen der Sturm auf Paris. Vor allem deshalb, weil die seit Wochen unter schwerem Artilleriebeschuss aus Versailles liegenden Befestigungsanlagen der Stadt zu diesem Zeitpunkt nicht besetzt waren. So stießen die Versailler auf keinerlei Widerstand beim Eindringen in die Stadt. Lissagaray wirft den Gremien der Kommune in dieser Situation Untätigkeit vor, weil sie es nicht vermochten, angesichts der akuten Bedrohung der von ihrem Hinterland isolierten Stadt zu einem einheitlichen Handeln zu gelangen und die für die Kommune Kämpfenden auf ein gemeinsames Vorgehen einzuschwören. Stattdessen – so Lissagaray – habe

59 Gedenktage des Proletariats: Die blutige Maiwoche. In: Der Sozialdemokrat – Zentral-Organ der deutschen Sozialdemokratie Nr. 21 vom 22. Mai 1881, S. 1.

der Rat der Kommune die Bataillone der Nationalgarde desorganisiert und ihre bewährte Disziplin dem vermeintlichen Elan des revolutionären Barrikadenkampfs geopfert. In der Folge verbarrikadierten sich die Kämpfenden der Kommune in ihren Quartieren und leisteten dem Vormarsch der Versailler erbitterten Widerstand. Zwar entsprach dieser Schritt dem Bedürfnis der meisten Nationalgardisten, das eigene Viertel und die eigene Familie vor dem Zugriff des Feindes zu beschützen, doch fehlte der Kommune dadurch auch die koordinierende Leitung – umso mehr, als am 21. Mai auch die letzte Sitzung des Kommunerats stattfand.

In den folgenden sieben Tagen kämpften die Versailler Truppen den Widerstand in den Stadtteilen nieder: Straße für Straße und Barrikade für Barrikade, bis sie ganz Paris unter ihre Kontrolle gebracht hatten. Wo immer eine Stellung der Kommune fiel, traten die Erschießungskommandos aus Versailles in Aktion, die nahezu alle überlebenden Verteidigerinnen und Verteidiger hinrichteten. Lissagaray beschrieb die Aktionen der siegenden Armee als furchtbares Gemetzel, das in wenigen Stunden die Bartholomäus-Nacht übertroffen habe. Nach einer Woche des Kampfes fiel am 28. Mai gegen zehn Uhr der letzte Kanonenschuss der Kommune. »Das doppelt geladene Geschütz stößt mit erschütterndem Krachen den letzten Seufzer der Commune von Paris aus. Die letzte Barrikade der Maitage ist in der Rue Ramponneau, die eine Viertelstunde lang von einem einzigen Föderirten vertheidigt wird. […] Um 11 Uhr war Alles aus.«[60]

Am 29. Mai erklärte Adolphe Thiers, die Ordnung in Paris sei wiederhergestellt. Doch mit dem Ende des Widerstands in Paris endete das Morden nicht. Noch bis Mitte Juni waren Hin-

60 Lissagaray, Prosper: Geschichte der Commune von 1871. Frankfurt/M. 1971, S. 358f.

richtungen und Morde an den Besiegten an der Tagesordnung. Der Augenzeuge Lissagaray schilderte, wie wohlhabende Pariserinnen und Pariser zur gleichen Zeit wieder Besitz von »ihrer« Stadt nehmen: »Seit Donnerstag lief dieser behandschuhte, in Seide gehüllte Pöbel den Gefangenen nach, jauchzte den Gendarmen zu, welche die Züge führten, und jubelte beim Anblick der blutigen Möbelwagen. Die Philister wetteiferten mit dem Militär an Ausgelassenheit. [...] Ausgelassene, elegante ›Damen‹ machten sich ein Vergnügen daraus, die Leichen zu betrachten, und hoben mit ihren Sonnenschirmen die letzte Bekleidung der tapferen Todten auf, um sich daran zu ergötzen.«[61] Insgesamt ist es kaum möglich, die genaue Zahl der Opfer dieser Tage anzugeben, weil die meisten auf der Stelle verscharrt oder verbrannt wurden. Die moderne Geschichtsschreibung spricht inzwischen von nicht weniger als 30.000 in der Blutwoche ermordeten Kommunardinnen und Kommunarden.

Zur Abrechnung des französischen Staates mit der Pariser Kommune gehört auch, dass nach dem Ende der Massenerschießungen mehr als 9.000 Kommunardinnen und Kommunarden zu Gefängnis oder Verbannung verurteilt wurden. In den Festungen an der französischen Atlantikküste, vor allem aber in den – als trockene Guillotine bekannten – Gefangenenkolonien in Neukaledonien (Inselgruppe im Südpazifik) starben zahlreiche Kämpferinnen und Kämpfer der Kommune, bevor die Überlebenden im Jahre 1880 aufgrund einer Amnestie in ihre Heimat zurückkehren konnten.

Die Amnestie führte indes nur dazu, dass die Gefangenschaft der Betroffenen beendet wurde. Die Urteile wurden nicht aufgehoben. Sie haben nach wie vor juristische Gültigkeit. Den Initiativen zur Aufhebung der Urteile haben sich die französischen Behörden bisher beharrlich verweigert. Die Kom-

61 Ebenda, S. 361f.

munardinnen und Kommunarden gelten daher noch immer als politische Kriminelle. Es liegt auf der Hand, dass damit in erster Linie die Legitimität der Pariser Kommune bestritten wird. Insofern trifft auch das vom deutschen »Sozialdemokrat« 1881 in einem Artikel zum zehnten Jahrestag der Niederschlagung der Kommune gemalte Bild vom Blutmeer, das zwei Welten voneinander trenne, noch immer zu.

IX. Die Rezeption der Pariser Kommune durch Marx, Engels und Lenin

> »Der Kampf der Arbeiterklasse mit der Kapitalistenklasse und ihrem Staat ist durch den Pariser Kampf in eine neue Phase getreten. Wie die Sache auch unmittelbar verlaufe, ein neuer Ausgangspunkt von welthistorischer Wichtigkeit ist gewonnen.«
>
> *Karl Marx*[62]

Mit der Konstituierung der Pariser Kommune war erstmals in der Geschichte ein Gemeinwesen entstanden, das in seiner Praxis über die kapitalistische Gesellschaftsordnung hinauswies. Das war der Grund, warum Karl Marx überzeugt war, dass die Pariser Kommune eine welthistorische Zäsur darstellte. Aus eben diesem Grund wurde sie von den Herrschenden so erbittert bekämpft. Vielleicht wäre sie nach ihrer Niederschlagung nur eine Fußnote in der Geschichte der um ihre Befreiung kämpfenden Subalternen geblieben, auch wenn sie sich länger behaupten konnte als die Kommunen, die im Frühjahr 1871 für wenige Tage in Lyon und Marseille bestanden. Die Pari-

62 Marx, Karl: Brief an Ludwig Kugelmann vom 17. April 1871. In: MEW 33, S. 209.

ser Kommune und ihr Erbe jedoch gingen in den kollektiven Erfahrungsschatz der weltweiten Linken ein, weil sie in Marx und Engels einflussreiche Fürsprecher und Interpreten fanden. Vor allem über ihre Schriften eignete sich die Arbeiterbewegung die Erfahrungen der Kommunardinnen und Kommunarden an. Auf diesem Wege blieb die Pariser Kommune in der Arbeiterbewegung stets präsent und fand über die Rezeption durch Lenin und die Bolschewiki auch Eingang in die Überlegungen zur Gestaltung des Sowjetstaates nach der Oktoberrevolution. Aus diesen Gründen ist es sinnvoll, auch die Interpretation der Kommune durch Marx und Engels eingehend darzustellen.

In der Sowjetunion nach Lenin trat an die Stelle des Versuchs, aus der Kommune-Erfahrung zu lernen, mehr und mehr die Praxis, das heroische Beispiel der Kommunardinnen und Kommunarden als Legitimation für die eigene Herrschaft zu benutzen. Lenin indes war einer der letzten sowjetischen Politiker, der auf die Kommune Bezug nahm und sie als Korrektiv für die eigene Politikentwicklung nutzte. Daher und aufgrund seiner unbestreitbaren Bedeutung für die Suche nach einem sozialistischen Entwicklungsweg für Sowjetrussland und die junge Sowjetunion sollen auch seine Überlegungen zur Nutzbarmachung der Kommune-Erfahrung betrachtet werden.

Ausgehend von den Erfahrungen der Pariser Revolutionärinnen und Revolutionäre stellte sich für Marx und Engels wie für Lenin die Frage nach der Struktur des revolutionären Gemeinwesens und nach der Aktivierung der Menschen zu selbstbestimmten, politischen Entscheidungsprozessen. Da bei grundlegenden gesellschaftlichen Umwälzungen stets mit dem Widerstand der alten Eliten zu rechnen ist, mussten Marx, Engels und Lenin aber auch die Frage aufwerfen, wie eine Revolution sich verteidigen kann und welche Organisationsform dabei erforderlich ist. Entsprechend dieser Fragekomplexe wird die folgende Darstellung auch den Schlussfolgerungen nachgehen, die sie, ausgehend von den Erfahrungen der Pariser Kommune, in Bezug auf die sozialistische Demokratie, den Aufbau des sozialistischen Staates, die Verteidigung der Revolution und die notwendige Form der revolutionären Organisation formulierten.

1. Die Rezeption der Pariser Kommune durch Marx und Engels

Sowohl Karl Marx als auch Friedrich Engels haben sich bei verschiedenen Anlässen immer wieder zur Politik und zu den Lehren der Pariser Kommune geäußert. Der wohl bekannteste und folgenreichste einschlägige Text von Marx ist der *Bürgerkrieg in Frankreich*. Neben diesem Text existieren von Marx und Engels aber auch Diskussionsbeiträge während der Sitzungen der I. Internationale, Briefe und Interviews. Es ist in der wissenschaftlichen Diskussion darauf hingewiesen worden, dass zwischen diesen verschiedenen Äußerungen zum Teil tiefgehende inhaltliche Differenzen bestehen. Bevor ich versuche, die Positionen von Marx und Engels zu bestimmten Problemen der Kommune herauszuarbeiten, werde ich den Charakter und den Zeitpunkt der Entstehung dieser Texte darstellen.

Der *Bürgerkrieg in Frankreich* erschien nur wenige Tage nach der Niederlage der Kommune als Adresse des Generalrates der I. Internationale an ihre verschiedenen nationalen Sektionen. In ihm stellte Marx vor allem das Handeln der Kommune dar und verteidigte sie gegen die Angriffe der europäischen Regierungen. Man muss also bedenken, dass dieser Text eine eindeutig politische Aufgabe hatte. Der Historiker Erich Kundel bezeichnet in diesem Zusammenhang den Zentralrat der I. Internationale – für den entsprechenden Zeitraum – als »Kampfstab zur Unterstützung der Kommune.«[63] Insofern ist es sicher auch

63 Kundel, Erich (Hg.): Tagebuch der Pariser Kommune. Frankfurt/M. 1971, S. 49.

zutreffend, dass die Briefe, die Marx an die Pariser Mitglieder der Internationale, Frankel und Varlin, schrieb, offener und kritischer mit der Kommune ins Gericht gingen, als er dies im *Bürgerkrieg* tat. In diesen Briefen reagierte er direkt auf eine Anfrage der Kommunarden und konnte daher auch direkt und ohne Rücksicht auf politische Interessen seinen Rat geben und problematische Entwicklungen innerhalb der Kommune benennen. Er konnte sich zudem in seiner Antwort direkt auf die Schilderung der Kommunarden beziehen; ein Faktum, das für den *Bürgerkrieg in Frankreich* – als einer Gesamtschau der Politik der Kommune – nicht zutraf. Hier war er auf die zugänglichen Quellen angewiesen, also Zeitungen und einige wenige Augenzeugenberichte. In einem Arbeitsbericht zur Marx-Engels-Gesamtausgabe stellen Autoren des Instituts für Marxismus-Leninismus beim ZK der KPdSU die Quellenlage, auf die sich Marx bei der Erstellung des *Bürgerkrieges* stützen konnte, folgendermaßen dar:

> »Da Zeitungen aus Paris in London zu dieser Zeit sehr schwer zu bekommen waren, musste Marx sich zunächst im Wesentlichen auf in England erscheinende bürgerliche englische und französische Presseorgane stützen. Er exzerpierte vor allem ›The Daily News‹, ›The Standard‹, ›The Times‹, ›The Daily Telegraph‹ und andere englische Zeitungen sowie ›La Situation‹, ein bonapartistisches Blatt, das in London erschien. Ferner machte Marx Auszüge aus einzelnen Nummern französischer Zeitungen, die die Kommune unterstützten, so aus ›Le Mot d'Ordre‹, ›Le Rappel‹, ›La Tribune de Bordeaux‹, die er aus Paris erhalten hatte.«[64]

Folgt man dieser Darstellung, so lassen sich Defizite in der Darstellung durch Marx aus dem lückenhaften Material, das ihm zur Verfügung stand, erklären. Dann ist auch verständlich, warum sich die Einschätzung der Kommune durch Marx

64 Institut für Marxismus-Leninismus beim ZK der KPdSU/Institut für Marxismus-Leninismus beim ZK der SED (Hg.): Marx/Engels-Gesamtausgabe (MEGA), 1. Abt., Bd. 22. Berlin/DDR 1978, S. 790.

in einem Brief an einen niederländischen Sozialisten aus dem Jahre 1881 so scheinbar grundsätzlich von der im *Bürgerkrieg* unterscheidet: Zum einen handelt es sich wieder um einen *privaten* Brief; Marx musste also hier nicht auf öffentliche politische Interessen achten, da er nicht davon ausgehen konnte, dass dieser Brief veröffentlicht würde. Hinzu kommt, dass Marx bei dessen Abfassung zehn Jahre Zeit gehabt hatte, sich mit der Kommune zu beschäftigen, und daher die Quellenlage besser kannte, als dies im Frühjahr 1871 der Fall war. Ein weiterer – sicher wirksamer – Umstand war, dass sich Marx 1881 in einer heftigen politischen Auseinandersetzung mit ehemaligen Kommunarden im Londoner Exil befand. Man kann diesen Brief auch als Ausdruck seiner damals aktuellen Befindlichkeit gegenüber den Menschen verstehen, die die Kommune gestaltet hatten. Die Position, dass der *Bürgerkrieg in Frankreich* nicht die wirkliche Position von Marx zur Pariser Kommune darstellt, muss ahistorisch bleiben. Sie übersieht die Möglichkeit der Veränderung von Positionen und den bereits diskutierten qualitativen Unterschied zwischen den vorliegenden Quellen.

Für das Verständnis aller Äußerungen von Marx zur Kommune ist es wichtig, dass er diese als revolutionäre Praxis und zugleich als historischen Ausgangspunkt künftiger revolutionärer Versuche auffasste. Daraus ist sein theoretisches wie strategisches Interesse an der Kommune abzuleiten, das er am eindeutigsten im *Bürgerkrieg in Frankreich* ausdrückte: Zum einen das historische Interesse daran, die Tätigkeiten der Kommune darzustellen, zum anderen die Bestrebung, die Kommune als Experiment einer Arbeiterregierung zu veranschaulichen. Unter diesen Aspekten konnte der *Bürgerkrieg in Frankreich* keine komplette Geschichte der Kommune sein – und sollte es auch nicht sein. Vorwürfe, die mitunter in der Geschichtswissenschaft erhoben werden, dass Marx die Fakten der Kommune für seine »dialektischen Zwecke verdreht« habe, gehen unter diesem Gesichtspunkt an der Sache vorbei, denn sie verlangen von ihm, dass er eine exakte Chronologie der Ereignisse der Kommune hätte liefern sollen – ein Unterfangen, das er gar nicht zu bewerkstelligen versuchte. Dem Anliegen des *Bürgerkriegs* wird man wahrscheinlich am ehesten gerecht, wenn man – mit dem Soziologen Klaus Meschkat – feststellt: »Marx nahm darin die P. K. zum Anlass, seine eigene Revolutions- und Staatstheorie zu konkretisieren und weiterzuentwickeln.«[65]

Die Veränderung des Marxschen Staatsbegriffs durch die Kommune – Karl Marx schrieb am 13. April 1871 – also noch während der Kommune – an Wilhelm Liebknecht: »Das K[ommunistische] Manifest kann natürlich nicht ohne neues Vorwort geschrieben werden.«[66] Hier hat sich also – offensichtlich durch die Kommune – etwas in der Einschätzung von Marx verändert. Für die deutsche Ausgabe des *Kommunistischen Manifests*, die 1872 erschien, schrieben Marx und Engels eine Vorrede. In diesem Text nahmen sie direkt Bezug auf die Erfahrungen der Kommune und stellten fest, dass durch dieses Ereignis bewiesen worden sei, »dass die Arbeiterklasse nicht die fertige Staatsmaschine einfach in Besitz nehmen und sie für ihre eigenen Zwecke in Bewegung setzen kann.«[67] Das heißt, dass Marx und Engels den Passus des *Manifests* präzisierten, indem sie die Rolle des Staates während und nach der proletarischen Revolution erörterten. 1848 lautete dieser Passus noch:

---

65 Mommsen, Hans / Meschkat, Klaus: Pariser Kommune. In: Kernig, C. D. (Hg.): Sowjetsystem und demokratische Gesellschaft – Eine vergleichende Enzyklopädie, Bd. IV. Freiburg 1971, S. 1077.

66 Marx, Karl: Brief an Wilhelm Liebknecht vom 13.4.1871. In: MEW 33, S. 207.

67 Marx, Karl / Engels, Friedrich: Manifest der Kommunistischen Partei – Vorrede zur deutschen Ausgabe von 1872. In: Marx/Engels: Ausgewählte Werke (MEAW). Berlin/DDR, Bd. 1, S. 16.

> »Wir sahen schon, dass der erste Schritt in der Arbeiterrevolution die Erhebung des Proletariats zur herrschenden Klasse, die Erkämpfung der Demokratie ist. Das Proletariat wird seine politische Herrschaft dazu benutzen, der Bourgeoisie nach und nach alles Kapital zu entreißen, alle Produktionsinstrumente in den Händen des Staates, d.h. des als herrschende Klasse organisierten Proletariats, zu zentralisieren und die Masse der Produktionskräfte möglichst rasch zu vermehren.«[68]

Selbst Franz Mehring wunderte sich über diese Entwicklung und deklarierte sie als Widerspruch im Marxschen Gedankengebäude. Wenn Marx und Engels in der erwähnten Vorrede zum *Manifest* aber davon sprachen, dass die Kommune den Beweis erbracht habe, dass das Proletariat die bestehende Staatsmaschinerie nicht einfach übernehmen könne, dann ist anzunehmen, dass sie sich mit diesem theoretischen Problem schon über einen längeren Zeitraum beschäftigt hatten. Marx selbst schrieb in einem Brief an Ludwig Kugelmann vom 12. April 1871, dass er die Notwendigkeit der Zerschlagung der alten Staatsmacht bereits im *18. Brumaire des Louis Bonaparte* entwickelt habe. Im *18. Brumaire* – also bereits 1852 – sagte Marx, dass die staatliche Zentralisation, deren die moderne Gesellschaft bedürfe, »sich nur auf den Trümmern der militärisch-bürokratischen Regierungsmaschinerie, die im Gegensatz zum Feudalismus geschmiedet ward«[69], entwickeln könne. Die Regierungsmaschinerie ist also zu zertrümmern, die staatliche Zentralisation aber fortzusetzen. Marx meinte mithin im *18. Brumaire*, dass *dieses* System im Interesse des Fortschritts zu beseitigen, ein anders gearteter Staatsapparat aber noch notwendig sei. Das zu zertrümmernde System beschrieb er selbst folgendermaßen:

---

68 Marx, Karl / Engels, Friedrich: Manifest der Kommunistischen Partei. Berlin/DDR 1989, S. 48-49.

69 Marx, Karl: Der achtzehnte Brumaire des Louis Bonaparte. In: MEW 8, S. 203-204.

> »Diese Exekutivgewalt mit ihrer ungeheuern bürokratischen und militärischen Organisation, mit ihrer weitschichtigen und künstlichen Staatsmaschinerie, ein Beamtenheer von einer halben Million neben einer Armee von einer andern halben Million, dieser fürchterliche Parasitenkörper, der sich wie eine Netzhaut um den Leib der französischen Gesellschaft schlingt und ihr alle Poren verstopft, entstand in der Zeit der absoluten Monarchie, beim Verfall des Feudalwesens, den er beschleunigen half.«[70]

Es sei dies eine Staatsmacht, die von der Gesellschaft getrennt sei. Diese Trennung sahen Marx und Engels im *Kommunistischen Manifest* noch nicht. Zwar hatten Marx und Engels bereits in der *Deutschen Ideologie* (1846) den Staat als die Form beschrieben, in der die Individuen einer herrschenden Klasse ihre gemeinsamen Interessen organisieren. Nach den Erfahrungen des 18. Brumaire sah Marx hingegen, dass der Staat nicht nur die Interessen der herrschenden Klasse vertritt, sondern sich auch verselbständigen und vollständig von der Gesellschaft loslösen könne. Es ist daher davon auszugehen, dass diese Entwicklung in Frankreich zusammenfällt mit der Herausbildung des Bonapartismus nach dem Staatsstreich Louis Bonapartes. Die Veränderung im Marxschen Denken in diesem historischen Augenblick ist besonders gut nachzuvollziehen, weil sich auch der Staat als Gegenstand der Untersuchung selbst verändert hat. Mit den Worten von Karl Marx: »Der Sieg Bonapartes über das Parlament, der Exekutivgewalt über die Legislativgewalt, der Gewalt ohne Phrase über die Gewalt der Phrase.«[71] Der Staat war nicht mehr jener wie 1848 bei der Abfassung des *Manifests*, also kurz vor der Revolution, in dem scheinbar recht schnell Ansätze einer demokratischen Verfasstheit durchgesetzt werden konnten.

Somit scheint der Widerspruch, den Mehring in den Äußerungen von Marx erkennt, nicht mehr zu bestehen. Einen

70 Ebenda, S. 196.

71 Ebenda.

wichtigen Stellenwert hat vielmehr die Feststellung von Marx im *18. Brumaire*, dass die Staatsmacht sich von der Gesellschaft entfernt habe. Nur vor diesem Hintergrund ist die Charakterisierung der Pariser Kommune durch Marx im ersten Entwurf zum *Bürgerkrieg in Frankreich* zu verstehen:

> »Daher war die Kommune nicht eine Revolution gegen diese oder jene – legitimistische, konstitutionelle, republikanische oder kaiserliche – Form der Staatsmacht. Die Kommune war eine Revolution gegen den Staat selbst, gegen diese übernatürliche Fehlgeburt der Gesellschaft; sie war eine Rücknahme des eignen gesellschaftlichen Lebens des Volkes durch das Volk und für das Volk. Sie war nicht eine Revolution, um die Staatsmacht von einer Fraktion der herrschenden Klassen an die andre zu übertragen, sondern eine Revolution, um diese abscheuliche Maschine der Klassenherrschaft selbst zu zerbrechen.«[72]

Auf den ersten Blick scheint dieser Passus eine Annäherung an anarchistische Positionen zu sein und damit den Widerspruch, den Franz Mehring sah, zu stützen. Auf den zweiten Blick jedoch stellt er nur eine Fortsetzung des Gedankengangs aus dem *18. Brumaire* dar. Dieser Zusammenhang wird umso klarer, als Marx wenige Seiten später schrieb, dass »die Kommune die entschiedene Negation jener Staatsmacht [war]«[73]. In diesem Lichte erklärt sich auch der Konflikt zwischen Marx und Bakunin. Bakunin bewertete die Pariser Kommune nämlich als »eine kühne, sehr ausgesprochene Verneinung des Staates«[74], also als eine Verneinung *jeder* Staatsform. Marx hingegen sah in ihr nur den Beginn der Zerstörung einer *bestimmten* Staatsform. Insofern ist – eingedenk der oben zitierten Forderung nach staat-

---

72 Marx, Karl: Erster Entwurf zum *Bürgerkrieg in Frankreich*. In: MEW 17, S. 541.

73 Ebenda, S. 542.

74 Bakunin, Michail: Die Kommune von Paris und der Staatsbegriff. In: Schneider, Dieter-Marc (Hg.): Pariser Kommune 1871 I. – Bakunin, Kropotkin, Lavrov. Reinbek 1971, S. 11.

licher Zentralisation – Lenin Recht zu geben, wenn er formulierte, dass Marx ein Zentralist gewesen sei. Aber hätte dann nicht auch Bakunin Recht, wenn er Marx vorwarf, seine Vorstellung eines revolutionären Staates würde automatisch wieder zur Bildung von Hierarchien führen und zur Entstehung einer regierenden Aristokratie, die mit der Masse der Menschen nichts mehr gemein hätte? Diese These scheint noch erhärtet zu werden durch den Befund, dass Marx in seinen Überlegungen großen Wert auf die Untersuchung des revolutionären Staates der Kommune legte. Es fragt sich daher, ob dieses besondere Augenmerk von Marx darauf zurückzuführen ist, dass er eine gewisse Abneigung gegen die libertären Formen des französischen Sozialismus hatte.

Es gibt also zwei gegensätzliche Vorwürfe gegen Marx bezüglich seines Staatsbegriffes im *Bürgerkrieg in Frankreich*: Zum einen, dass er sich den Anarchisten angenähert, zum anderen, dass er dem »Unterdrückungsapparat Staat« das Wort geredet habe. Es ist deshalb zu beantworten, inwiefern diese Vorwürfe haltbar sind und inwiefern sie in der Positionierung von Marx tatsächlich einen Widerspruch darstellen. In den *Randglossen zum Gothaer Programm* der deutschen Sozialdemokratie schrieb Marx, dass das Proletariat in der Übergangsepoche zwischen dem Kapitalismus und dem Kommunismus nicht umhin kommen werde, die eigene Herrschaft in Staatsform zu organisieren. Diese Überlegung stellte er bereits in der Auseinandersetzung mit Bakunin an, wenn er sagte, dass – solange es noch Klassen gebe, das Proletariat aber bereits die politisch herrschende Klasse sei – das Proletariat gezwungen sei, Zwangsmittel anzuwenden, um seine Existenz als Klasse von Lohnabhängigen zu beenden. In diesem Sinne ist anzunehmen, dass Marx die Staatsdefinition von Engels teilte:

> »In Wirklichkeit aber ist der Staat nichts als eine Maschine zur Unterdrückung einer Klasse durch eine andre, und zwar in der demokratischen Republik nicht minder als in der Monarchie; und

> im besten Fall ein Übel, das dem im Kampf um die Klassenherrschaft siegreichen Proletariat vererbt wird […]«[75]

Das gilt natürlich auch für die Diktatur des Proletariats. Marx stellte aber weiter fest, dass das siegreiche Proletariat Maßnahmen ergreifen muss, die seinen eigenen Charakter als Klasse aufheben und die damit eben auch die Existenz aller anderen Klassen beenden. Er konnte deshalb auch festhalten, dass die Herrschaft des Proletariats mit dessen vollständigem Sieg beendet ist. Der Staat – als Mittel der Klassenherrschaft – muss dann sukzessive mit dem Verschwinden der Klassen absterben. Mit den Worten von Friedrich Engels wird dann »ein in neuen, freien Gesellschaftszuständen herangewachsenes Geschlecht imstande sein […], den ganzen Staatsplunder von sich abzutun.«[76] Insofern ist das Absterben des Staates auch im *Bürgerkrieg in Frankreich* ein allmählicher Prozess. Allein die militärisch-bürokratische Regierungsmaschinerie – als Werkzeug der Herrschaft der Bourgeoisie – ist für Marx sofort zu zerschlagen. Marx sagte: »Das politische Werkzeug ihrer Versklavung kann nicht als politisches Werkzeug ihrer Befreiung dienen.«[77] So ist den Herausgebern der Marx-Engels-Gesamtausgabe Recht zu geben, wenn sie darauf hinweisen, dass Marx nicht den gesamten Staat, sondern *nur* dessen Gewaltapparat zerschlagen sehen wollte. Diese Ansicht könnte aber leicht zur Apologetik einer neuen Staatsmacht werden – und damit den Befürchtungen Bakunins Recht geben –, wenn man vergäße, dass Marx einen eklatanten qualitativen Unterschied zwischen dem bisherigen Staat und der neuen proletarischen Republik sah: Im ersten Fall das Unterdrückungsinstrument einer Minderheit, im zweiten die politische Organisationsform eines Großteils der Gesellschaft.

---

75 Engels, Friedrich: Einleitung zu »Der Bürgerkrieg in Frankreich« (Ausgabe 1891). In: MEW 17, S. 625.

76 Ebenda.

77 Marx, Karl: Zweiter Entwurf zum *Bürgerkrieg in Frankreich*. In: MEW 17, S. 592.

Franz Mehring konstatierte, dass der alte Friedrich Engels wieder zu der Auffassung des *Kommunistischen Manifests* gelangt sei, dass der Staat nach der siegreichen proletarischen Revolution nur mehr umzuformen und nicht zu zerbrechen sei. Diese Feststellung ist insofern richtig, als Engels in zwei Äußerungen[78] aus den Jahren 1883 und 1884 behauptete, das Proletariat könne den Staat übernehmen. Zur historischen und politischen Einordnung der ersten Äußerung ist sicherlich Mehrings Erläuterung einleuchtend, wonach jene in einer direkten Auseinandersetzung mit anarchistischen Positionen entstanden ist. In der zweiten Formulierung rekapitulierte Engels eben den Gedanken aus dem *Bürgerkrieg in Frankreich*, dass das Proletariat nach seinem Sieg die fertige Staatsmaschinerie nicht einfach übernehmen könne. Insofern kann man annehmen, dass Engels hier auf die alte Position aus dem *Bürgerkrieg* zurückgriff und den Begriff des Zerbrechens des Staates zwar nicht benutzte, ihn aber meinte. Nicht von der Hand zu weisen wäre dann aber der Vorwurf von Klaus Meschkat, dass es sich bei dieser Formulierung um eine theoretische Unschärfe von Friedrich Engels handelt. Denkbar wäre zudem noch die Variante, dass Friedrich Engels in den neunziger Jahren des 19. Jahrhunderts tatsächlich wieder davon ausging, dass der bürgerliche Staat so zu reformieren sei, dass er in den Dienst des Proletariats gestellt werden könne. Dass Friedrich Engels diese Perspektive wünschte, wird umso wahrscheinlicher, wenn man die Hoffnungen betrachtet, die Engels 1895 in den parlamentarischen Kampf der Sozialdemokratie setzte.

Die Kommune als Modell der Diktatur des Proletariats in Marxscher Diktion – Geht man davon aus, dass Marx und Engels in wichtigen Fragen bestrebt waren, einen Konsens zu

78 Es sind Stellen in einem Brief an Philip Van Patten vom 18.4.1883 (MEW 36, S. 11) und in einem Brief an Eduard Bernstein vom 1.1.1884 (MEW 36, S. 79).

erzielen, so wird Marx wohl die folgende Einschätzung von Engels geteilt haben:

> »Der deutsche Philister ist neuerdings wieder in heilsamen Schrecken geraten bei dem Wort: Diktatur des Proletariats. Nun gut, ihr Herren, wollt ihr wissen, wie diese Diktatur aussieht? Seht euch die Pariser Kommune an. Das war die Diktatur des Proletariats.«[79]

Klaus Meschkat weist aber darauf hin, dass in der marxistischen Geschichtsschreibung dieser Satz von Engels oft zu eilfertig zu einem Axiom erhoben wurde. In diese Überlegung passt auch die Feststellung, dass Marx im Zusammenhang mit der Kommune niemals den Begriff der »Diktatur des Proletariats« benutzte. Auf der anderen Seite erkannte Marx – so im *Bürgerkrieg in Frankreich* – in der Kommune »die endlich entdeckte politische Form, unter der die ökonomische Befreiung der Arbeit sich vollziehen konnte.«[80] Es ist also schwer von der Hand zu weisen, dass Marx in der Kommune durchaus ein Vorbild sah. Zumindest ein Vorbild für die politische Form des proletarischen Staates. Die Annahme, dass Marx und Engels hier im Konsens formulierten, muss zu der Überlegung führen, dass auch Engels *nur* die politische Form der Kommune meinte. In vielen anderen Äußerungen von Marx ist nämlich zu erkennen, dass er vom gesellschaftlichen Inhalt her in der Pariser Kommune noch nicht die Diktatur des Proletariats erblickte.

Im ersten Entwurf zum *Bürgerkrieg* sah Marx in der Kommunalrevolution die Vertreterin aller Klassen, die nicht von fremder Arbeit leben, in der Endfassung des *Bürgerkrieges* erschien die Kommune gar als die »wahre Vertreterin aller gesunden Elemente der französischen Gesellschaft [...] und daher [als,

79 Engels, Friedrich: Einleitung zu »Der Bürgerkrieg in Frankreich« (Ausgabe 1891). In: MEW 17, S. 625.

80 Marx, Karl: Der Bürgerkrieg in Frankreich. In: MEW 17, S. 342.

F. G.] die wahrhaft nationale Regierung«.[81] Ist diese Charakterisierung der Kommune noch sehr positiv, so formulierte Marx in einem Brief an die Kommunarden Frankel und Varlin: »Die Kommune scheint mir zuviel Zeit mit Kleinigkeiten und persönlichen Streitereien zu verlieren. Man sieht, dass es hier noch andere Einflüsse gibt als die der Arbeiter. Das würde alles nichts schaden, wenn Sie [Frankel und Varlin, F. G.] Zeit hätten, die verlorene Zeit wieder einzubringen.«[82] Diese anderen Einflüsse von Bürgern und Kleinbürgern bremsten – in den Augen von Marx – die Maßnahmen der Kommune also aus. Insofern sah Marx in der Kommune zwar eine Regierung der Arbeiterklasse, nicht aber deren Diktatur. Dies gilt umso mehr, als Marx in seinen Darstellungen besonderen Wert auf die Feststellung legte, dass die sozialistische Revolution erst heranreifen müsse:

> »Die Arbeiterklasse verlangte keine Wunder von der Kommune. Sie hat keine fix und fertigen Utopien durch Volksbeschluß einzuführen. Sie weiß, dass, um ihre eigne Befreiung und mit ihr jene höhre Lebensform hervorzuarbeiten, der die gegenwärtige Gesellschaft durch ihre eigne ökonomische Entwicklung unwiderstehlich entgegenstrebt, dass sie, die Arbeiterklasse, lange Kämpfe, eine ganze Reihe geschichtlicher Prozesse durchzumachen hat, durch welche die Menschen wie die Umstände gänzlich umgewandelt werden. Sie hat keine Ideale zu verwirklichen; sie hat nur die Elemente der neuen Gesellschaft in Freiheit zu setzen, die sich bereits im Schoß der zusammenbrechenden Bourgeoisgesellschaft entwickelt haben.«[83]

Auch wenn Marx in der Kommune noch nicht die Diktatur des Proletariats erblicken konnte, so behielt sie für ihn doch Beispielcharakter für die Richtung, in der sich die Maßnahmen einer Diktatur des Proletariats würden bewegen müssen. Von diesem Standpunkt aus erscheint auch die Feststellung, dass Marx in seiner Betrachtung der Maßnahmen der Kommune

---

81 Ebenda, S. 346.

82 Marx, Karl: Brief an Leo Frankel und Eugène Varlin vom 13.5.1871. In: MEW 33, S. 226.

83 Marx, Karl: Der Bürgerkrieg in Frankreich. In: MEW 17, S. 343.

auch vage Planungen bereits als umgesetzt darstellte, sowohl aus seinem wissenschaftlichen als auch aus seinem politisch-strategischen Interesse erklärbar. Nicht was die Kommune tatsächlich getan hat, war für Marx in erster Linie von Bedeutung, sondern was sie hätte tun müssen. »Als wichtigstes Kennzeichen der ›Republik der Kommune‹ erschien Marx neben der Ersetzung des stehenden Heeres durch das bewaffnete Volk die spontane Schaffung einer unmittelbar dem Volk verantwortlichen, jederzeit absetzbaren Vollzugsbehörde.«[84] – Unabhängig davon, ob die Kommunarden 1871 diese Dinge idealtypisch umgesetzt haben oder nicht, erschienen sie Marx notwendig in seiner Antizipation einer zukünftigen proletarischen Revolution.

Wenn Marx also im April 1871 in einem Brief schrieb: »Wie die Sache auch unmittelbar verlaufe, ein neuer Ausgangspunkt von welthistorischer Wichtigkeit ist gewonnen«[85], dann meinte er das Beispiel einer Arbeiterregierung und vor allem die »politische Form, in der die Arbeiterklasse [...] die politische Macht ergreift.«[86] Nicht ihre und ihrer Gremien konkrete soziale Zusammensetzung, sondern die politische Gestalt des Gemeinwesens machte die Kommune für Marx zum Beispiel.

Die Bedeutung der direkten Demokratie für Marx und Engels – Für Marx war die Pariser Kommune ein Signal: Hier wurde begonnen, die alte Staatsmaschinerie zu zerschlagen und eine Selbstregierung des Volkes durch das Volk zu errichten, – die »Rücknahme«, die Rückeroberung, des eigenen gesellschaft-

84 Mommsen, Hans/Meschkat, Klaus: Pariser Kommune. In: Kernig, C.D. (Hg.): Sowjetsystem und demokratische Gesellschaft – Eine vergleichende Enzyklopädie, Bd. IV. Freiburg 1971, S. 1078.

85 Marx, Karl: Brief an Ludwig Kugelmann vom 17.4.1871. In: MEW 33, S. 209.

86 Marx, Karl: Zweiter Entwurf zum *Bürgerkrieg in Frankreich*. In: MEW 17, S. 591.

lichen Lebens. In der wissenschaftlichen Diskussion ist es dabei nahezu unumstritten, dass Marx als Form dieser Selbstregierung eine Spezifik von Rätedemokratie vorschwebte. Die von Marx erstrebte Einbindung aller Werktätigen in die politischen Entscheidungen des proletarischen Gemeinwesens wird am deutlichsten, wenn er in der Auseinandersetzung mit Bakunin formulierte:

> »›Die Deutschen zählen ungefähr 40 Millionen. Werden z. B. alle 40 Millionen Glieder der Regierung sein?‹ Certainly! Da die Sache mit der Selbstregierung der Gemeine anfängt.«[87]

Ein für Marx ganz wichtiger Aspekt der Kommune war, dass sie vollständig ihre gesamten Diskussionen und Fehler öffentlich gemacht hat. Wenn Marx dieses Verhalten als Realität darstellte, obgleich der Kommunerat durchaus das Mittel der Geheimsitzungen kannte, so sind zumindest zwei Varianten für die Interpretation möglich: Zum einen, dass Marx aufgrund seines begrenzten Quellenmaterials die nichtöffentlichen Sitzungen des Kommunerates schlichtweg nicht zur Kenntnis nehmen konnte. Die zweite Interpretationsvariante geht davon aus, dass Marx auch in diesem Kontext in der historischen Kommune mehr ein Modell erblickte, als dass er eine Geschichte der Kommune hat schreiben wollen. Die erste Interpretation bleibt auf einem historisch-quellenkundlichen Niveau stehen. Der letztere Ansatz hingegen interpretiert die Aussagen von Marx als Antizipation einer künftigen proletarischen Demokratie. Folgt man der zweiten Interpretation, dann ist festzuhalten, dass Marx es für ein proletarisches Gemeinwesen als unabdingbar ansah, keinen Anspruch auf Unfehlbarkeit zu erheben, alle Handlungen der politisch Verantwortlichen zu veröffentlichen und das Publikum in alle Unvollkommenheiten des Systems einzuweihen.

---

87 Marx, Karl: Konspekt zu Bakunins »Staatlichkeit und Anarchie«. In: MEW 18, S. 634. (Marx meint mit dem Begriff »Gemeine« Gemeinde i. S. der kommunalen Gemeindeverwaltung.)

Bezogen auf den kommunalen Rahmen der Stadt Paris stellte Marx fest, dass sich die Kommune aus den gewählten und jederzeit wieder abwählbaren Stadträten der einzelnen Stadtbezirke zusammensetzte. Dieses Modell war nach Marx' Auffassung geeignet, auch auf den nationalen Rahmen ausgedehnt zu werden: mit der Selbstverwaltung in jeder Gemeinde und der Entsendung von Vertretern zur nächsthöheren Instanz, bis zum nationalen Rat, der dann aber nur mehr wenige Aufgaben gehabt hätte. Für Marx war es also unzweifelhaft die gesamte Arbeiterklasse und ihre Verbündeten, die *direkt* und gegen die Gefahr einer Regierungsusurpation permanent bewaffnet das Zusammenleben zu organisieren hatte.

In der bürgerlichen Geschichtswissenschaft wird dieses von Marx favorisierte rätestaatliche Modell immer wieder als undurchführbar klassifiziert. Der Beweis für diese Behauptung liegt indes noch nicht vor. Schwerwiegender ist der Einwand, dass Marx in der Darstellung der Pariser Kommune an keiner Stelle die Aktivität der politischen Clubs noch der Pariser Sektionen der Internationale erwähnte. Es kann – ausgehend von diesem Befund – gefragt werden, ob er eine gewisse Abneigung gegenüber den autonomen politischen Aktionen der Bevölkerung gehabt hat. Würde dieser Einwand zutreffen, bedeutete dies eine eklatante Einschränkung der basisdemokratischen Vorstellungen von Marx. Dem hält Klaus Meschkat aber entgegen, man könne annehmen, dass Marx niemals nur den Kommunerat mit seinen Gliederungen im Blick hatte, sondern alle Erscheinungen im gesellschaftlichen Leben der Pariser Kommune, die den Anforderungen rätestaatlicher Demokratie entsprachen, wenn er das Bild einer kommunalen Republik zeichnete. Hierunter fallen dann auch die politischen Clubs. Von diesem Standpunkt betrachtet, sind die kritischen Einwürfe von Marx gegen den Kommunerat und die damit verbundene Bevorzugung des Zentralkomitees der Nationalgarde verständlich: Mit der direkten Verbindung von Bataillon, Stadtteil und politischer Führung dürfte die Nationalgarde dem Marxschen Konzept der »Rücknahme« des gesellschaftlichen Lebens eher entsprochen haben als der Kommunerat. Die Nationalgarde war mehr noch als der Kommunerat »nicht eine parlamentarische, sondern eine arbeitende Körperschaft [...] vollziehend und gesetzgebend zu gleicher Zeit.«[88] Sich dieser Argumentation anschließend, lassen sich letztlich keinerlei Belegstellen finden, die der Auffassung des marxistischen Historikers und Ökonomen Ernest Mandel widersprechen: »Für Marx war die direkte Demokratie ein Instrument zur Selbstbefreiung der arbeitenden Massen.«[89]

Die Legitimation revolutionärer Gewalt – Die Frage nach der Legitimation revolutionärer Gewalt scheinen Marx und Engels im Zusammenhang mit den Erfahrungen der Kommune widersprüchlich zu beantworten. Sowohl im *Bürgerkrieg in Frankreich* als auch in den Briefen, die Marx in den Wochen der Pariser Kommune schrieb, warf er den Instanzen der Kommune immer wieder zu große Gutmütigkeit vor. Er machte sich wiederholt dafür stark, massive Maßnahmen gegen die Feinde der Kommune innerhalb der Stadt zu ergreifen und sofort nach Versailles zu marschieren. Insofern kann die Position vertreten werden, dass der *Bürgerkrieg* dasjenige Werk von Marx ist, das sich am eindeutigsten für die Anwendung von revolutionärer Gewalt aussprach. Auf der anderen Seite ist der späte Brief von Marx an Ferdinand Domela Nieuwenhuis zu nennen, in dem er der Kommune zu wenig »common sense«[90] vorwarf, mit dem

88 Marx, Karl: Der Bürgerkrieg in Frankreich. In: MEW 17, S. 339.

89 Mandel, Ernest: Macht und Geld – Eine marxistische Theorie der Bürokratie. Köln 2000, S. 250.

90 Marx, Karl: Brief an Ferdinand Domela Neuwenhuis vom 22.2.1881. In: MEW 35, S. 160.

sie Versailles nach einer Enteignung der Bank von Frankreich aus einer Position der Stärke heraus zu einem Kompromiss hätte zwingen können. Engels hingegen vertrat im Jahre 1873 die Position, dass jede Revolution gezwungen sei, das Mittel der revolutionären Gewalt anzuwenden, um der eigenen Macht Dauer zu verleihen. Mithin auch hier die Bejahung der Legitimität revolutionärer Gewalt. Ein Jahr später stellte Engels die Frage, ob denn jeder von der Kommune erschossenen Geisel »Recht widerfahren« sei.[91] In Anbetracht der späteren Distanzierung Engels' vom revolutionären Barrikadenkampf kann gefragt werden, ob sowohl Marx als auch Engels mit der zunehmenden zeitlichen Entfernung zu den Pariser Ereignissen des Frühjahrs 1871 auch ihre Interpretation von revolutionärer Gewalt veränderten. Doch bleibt zu erklären, wie diese Veränderung zustande gekommen ist.

Die Pariser Kommunarden hätten auf die Besatzungssituation und auf die Angriffe der Versailler Truppen mit Kapitulation oder mit einem rigiden Regiment nach innen wie nach außen reagieren können. Sie taten dies aus einer fundierten politischen Haltung bewusst nicht. Für Karl Marx musste die Entscheidung für die »Diktatur des Beispiels«[92] – die Debatten unter den Kommunarden nicht kennend – unvernünftig erscheinen. Ihm ging es um die Absicherung der Errungenschaften der Kommune. Im ersten hier angeführten Zitat hob Friedrich Engels auf genau diesen Aspekt der militärischen Absicherung des Erreichten in einer revolutionären Situation ab. In der zeitlichen Distanz zum Jahr 1871 musste Marx im Brief an Domela Nieuwenhuis erkennen, dass die militärische Position der Kommune gegenüber den Armeen Frankreichs *und* Deutschlands

91 Engels, Friedrich: Flüchtlingsliteratur II – Programm der blanquistischen Kommuneflüchtlinge. In: MEW 18, S. 534.

92 Haupt, Heinz-Gerhard / Hausen, Karin: Die Pariser Kommune – Erfolg und Scheitern einer Revolution. Frankfurt/M. 1979, S. 176.

von vornherein nahezu aussichtslos war. In dieser rückschauenden Erkenntnis konnte Marx nur mehr darüber nachdenken, wie die Kommunarden möglichst viele ihrer Errungenschaften ohne militärische Konfrontation hätten durchsetzen können. Von daher stellt sich die Frage, inwiefern diese Veränderung der Einschätzung auch eine Veränderung des politischen Standpunktes impliziert. Der Historiker Thomas Roger konstatiert, dass die Position, die Marx im *Brief an Domela Nieuwenhuis* vertrat, aus den Erfahrungen und Desillusionierungen der Jahre nach der Kommune herrührten. Klaus Meschkat hingegen legt dar, dass Marx im selben Brief der Kommune vorwarf, die französische Nationalbank nicht enteignet zu haben, und folgert daraus, dass Marx nicht resigniert habe, sondern vielmehr auch hier zu den radikalsten Kampfmaßnahmen riet. Eine ähnliche – undogmatische – Haltung von Marx zur Anwendung revolutionärer Gewalt wird deutlich, als er im Herbst 1871 auf der Londoner Konferenz der I. Internationale ausführte, dass das Proletariat in jeder konkreten Situation neu entscheiden müsse, ob die Erlangung der politischen Macht mit gewalttätigen oder friedlichen Methoden zu erreichen sei. Das heißt, dass für Marx und Engels Gewalt immer dann legitim ist, wenn sie zur Durchsetzung revolutionärer Ziele notwendig ist. Gleichzeitig erteilten sie aber allen Akten individueller Rache oder gar des Terrors eine klare Absage. So etwa, wenn Marx die Soldaten charakterisiert, die am 18. März 1871 die Generäle erschossen, die die Geschütze der Nationalgarde vom Montmartre entfernen sollten:

> »Die eingewurzelten Gewohnheiten, die der französischen Soldateska unter der Zucht der Feinde der Arbeiter beigebracht worden, verlieren sich selbstredend nicht in demselben Augenblick, wo diese Soldaten zu den Arbeitern übergehn. Dieselben Soldaten richteten auch Clement Thomas hin.«[93]

---

93 Marx, Karl: Zweiter Entwurf zum *Bürgerkrieg in Frankreich*. In: MEW 17, S. 585.

Nicht revolutionäre Gewalt, sondern alte Muster der militärischen Gepflogenheiten setzten sich in diesem Akt erneut durch. Es ist interessant, dass Marx – wann immer er den Marsch der Kommunarden auf Versailles forderte – darauf hinwies, dass Versailles bereits mit dem versuchten Diebstahl der Geschütze der Nationalgarde am 18. März den Bürgerkrieg eröffnet hatte. Für Marx war also auch von Bedeutung, dass die Kommune nicht als aggressive Partei erschien. Es lässt sich also festhalten, dass Marx und Engels die Anwendung von Gewalt dann befürworten, wenn sie den Revolutionären vom Gegner aufgezwungen wird. Dieser Haltung blieb auch der alte Engels – trotz seiner Hoffnungen in den parlamentarischen Kampf – treu, wenn er feststellte:

> »Und wenn wir nicht so wahnsinnig sind, ihnen zu Gefallen uns in den Straßenkampf treiben zu lassen, dann bleibt ihnen zuletzt nichts anderes, als selbst diese ihnen so fatale Gesetzlichkeit zu durchbrechen.«[94]

Also redete auch der alte Engels nicht der kompromisslosen Absage an revolutionäre Gewalt das Wort – wie es die Revisionisten innerhalb der deutschen Sozialdemokratie um die Jahrhundertwende behauptet haben –, sondern vielmehr der vorsichtigen Offenhaltung einer militärischen Option. Hinzu kommt, dass Engels 1895 von einer Veränderung der Bedingungen des Kampfes sprach – die Absage an den Barrikadenkampf war also auch in dieser Formulierung nicht absolut, sondern historisch gebunden. In der Gewaltfrage ist Georges Haupt Recht zu geben, wenn er konstatiert, dass Engels keine Form des politischen Kampfes verabsolutierte, sondern sie stets zum Gegenstand taktischer Erwägungen machte. Eine Einschätzung, die auch auf Marx anzuwenden ist.

94 Engels, Friedrich: Einleitung [zu Karl Marx' *Klassenkämpfe in Frankreich 1848 bis 1850* (1895)]. In: MEW 22, S. 525.

Die bisherige Diskussion der Gewalt bezog sich immer auf die Auseinandersetzung mit einem militärisch organisierten Gegner. Was die Auseinandersetzung mit dem Gegner innerhalb des revolutionären Gemeinwesens anlangt, so warf Marx der Kommune »ein Übermaß an Mäßigung, das an Schwäche grenzt«[95], vor. Er stellte bedauernd fest, dass die Kommune wichtige Vertreter der bürgerlichen Opposition habe nach Versailles abziehen lassen, und empfahl den Kommunarden, das für wichtige Versailler Personen kompromittierende Material, das der Kommune in die Hände gefallen war, als politisches Druckmittel einzusetzen. Kein Wort von manifester Gewalt. Betrachtet man zudem die Kritik von Friedrich Engels an den Geiselerschießungen der Kommunarden, dann liegt der Schluss nahe, dass Marx und Engels für Auseinandersetzungen innerhalb der geografischen Grenzen des revolutionären Gemeinwesens klare politische Standpunkte und Maßnahmen, auch solche, die Zwang einschlossen, einforderten, aber – wo immer möglich – die Vermeidung von blutigen, terroristischen Akten favorisierten. In dieses Raster passte auch die Forderung nach der raschen Enteignung der Nationalbank.

Der Historiker Erich Kundel konstatiert, dass es in den Augen von Marx und Engels der schwerste Fehler der Kommune war, dass sie die Nationalbank nicht enteignet hat. Der späteren marxistischen Literatur wird in Anbetracht dieses Befundes mitunter vorgeworfen, die Enteignung der Banken zu einem Patentrezept für den Sieg gemacht zu haben. Als solches wird Marx sie nicht verstanden haben, sah er doch in den konkreten historischen Gegebenheiten der Pariser Kommune eine große Ausnahme. Abgesehen von dieser Ausnahmesituation plädierte Marx immer dafür, gegenüber dem politischen Gegner eine

95 Marx, Karl: Zweiter Entwurf zum *Bürgerkrieg in Frankreich*. In: MEW 17, S. 588.

unversöhnliche Politik zu betreiben, deren Methoden aber den jeweiligen Bedingungen angepasst werden müssen. Die Diskussion um die Enteignung der französischen Nationalbank und alle anderen Formen revolutionärer Gewalt kann hier nur als Beispiel dienen, aber diese Haltung bestimmt alle Aussagen von Marx und Engels zur Frage der Gewaltanwendung. Bereits vor dem Erscheinen des *Kommunistischen Manifests* schrieb Friedrich Engels in diesem Sinne:

> »Wird die Aufhebung des Privateigentums auf friedlichem Wege möglich sein? […] Es wäre zu wünschen, dass dies geschehen könnte, und die Kommunisten wären gewiß die letzten, die sich dagegen auflehnen würden. […] Wir sehen aber auch, dass die Entwicklung des Proletariats in fast allen zivilisierten Ländern gewaltsam unterdrückt und dass hierdurch von den Gegnern der Kommunisten auf eine Revolution mit aller Macht hingearbeitet wird. Wird hierdurch das unterdrückte Proletariat zuletzt in eine Revolution hineingejagt, so werden wir Kommunisten dann ebenso gut mit der Tat wie jetzt mit dem Wort die Sache der Proletarier verteidigen.«[96]

Die Rolle der Partei bei Marx und Engels – Nahezu alle Äußerungen von Historikern, die kommunistischen Parteien nahestanden, zur Frage der Auswirkung der Pariser Kommune auf die Entwicklung der Marxschen Parteikonzeption, lesen sich etwa folgendermaßen:

> »Marx erarbeitete grundlegende theoretische Lösungen in Bezug auf die Notwendigkeit, den bürgerlichen Staat durch eine neue Form des Staates zu ersetzen und in Bezug auf die Dringlichkeit der Existenz einer revolutionären Klassenpartei.«[97]

---

96 Engels, Friedrich: Grundsätze des Kommunismus. Frankfurt/M. 1972, S. 23.

97 Bruhat, Jean: One Hundred Years After – The Significance of the Paris Commune. In: Marxism today: theoretical and discussion journal of the Communist Party of Great Britain. London Juni 1971, S. 180 (Übersetzung: F. G.).

In dieser erkennen sie bereits eine Urform der bolschewistischen Partei und kommen damit der Einschätzung ihrer bürgerlichen Kollegen überraschend nahe. Nur bei der Bewertung der Parteikonzeption stehen sich beide Seiten diametral gegenüber: Auf der einen Seite erscheint diese als wichtiger Fortschritt in der Entwicklung der marxistischen Theorie, auf der anderen Seite als erster Akt des Abschieds von einem demokratischen Entwicklungsmodell. Besonderes Gewicht wird bei der Debatte deshalb von beiden Seiten auf die Äußerungen von Marx und Engels auf der Haager Konferenz der I. Internationale vom September 1872 gelegt. Sie hatten auf dieser Konferenz einen Beschluss vorbereitet, der festhielt, dass die Internationale in ihre Statuten den Satz aufnehmen solle:

> »In seinem Kampf gegen die kollektive Macht der besitzenden Klassen kann das Proletariat nur dann als Klasse handeln, wenn es sich selbst als besondere politische Partei im Gegensatz zu den alten, von den besitzenden Klassen gebildeten Parteien konstituiert.«[98]

Bruhat begreift diesen Satz als Marxsches Bekenntnis zu einer notwendigen institutionalisierten Partei. Dabei diskutiert er allerdings an keiner Stelle den von ihm selbst eingeführten Terminus der Klassenpartei und den von Marx und Engels verwendeten Begriff von der Partei als organisierter Klasse. Wenn Hermann Duncker Jahrzehnte nach der Pariser Kommune feststellte, dass es die große Schwäche der Kommune gewesen sei, dass sie keine Partei gehabt habe, die ihre Aktionen habe leiten können, dann kann ihm nur eine Partei mit Programm, Struktur und klaren Organisationsprinzipien vorgeschwebt haben; eine »parti coordinateur«. Er verfügte jedoch bereits über die historische Erfahrung des Weltkriegs und des konterrevolutio-

98 Marx, Karl / Engels, Friedrich: Resolutionen des allgemeinen Kongresses zu Haag vom 2. bis 7. September 1872. In: MEW 18, S. 149.

nären Furors, mit dem die Bourgeoisie auf die Oktoberrevolution reagierte. Es ist fraglich, ob Marx und Engels eine ähnliche Vorstellung von der Partei hatten. Dagegen spricht zumindest, dass sie an keiner Stelle einen Unterschied zwischen der Partei und der Arbeiterklasse machten. Dieser Gedanke manifestierte sich auch in den Beschlüssen der Haager Konferenz: Nicht die Partei steht im Mittelpunkt des Interesses, sondern die Organisation des Proletariats als Klasse. Es ist zudem auffällig, dass weder Marx noch Engels sich jemals über den organisatorischen Charakter der Partei geäußert haben.

Im Jahre 1871, auf der Londoner Konferenz der I. Internationale, riefen Marx und Engels die Mitgliedsorganisationen der Internationale auf, sich in nationalen Körperschaften zu organisieren und nur noch als Sektionen der Internationale zu agieren. Wenn überhaupt, dann manifestierte sich hier und nicht erst auf der Haager Konferenz ein Jahr später, eine Veränderung ihrer Auffassung von der Partei. August Bebel formulierte zudem, dass Marx, wenn er in Bezug auf die Pariser Kommune von »unserer Partei« sprach, dies in zweierlei Bedeutung tat: Zum einen war dies das gesamte Pariser Proletariat, zum anderen aber die Pariser Sektionen der Internationale. Wenn dieser Ansatz stimmig ist, wäre auch der Einspruch widerlegt, Marx habe die Kommune mit der Internationale identifiziert. Vor allem aber bliebe dann die Auffassung von Marx, dass es in erster Linie um die politische Konstituierung des gesamten Proletariats ginge. Insofern bestünde kein Widerspruch zwischen der Aussage des *Manifests*, dass die Kommunisten keine anderen Interessen als das Proletariat haben, und der Forderung, das Proletariat solle sich als Partei konstituieren. In beiden Fällen meinte Marx sicherlich in erster Linie die gesamte Klasse, zumal Karl Marx im *Bürgerkrieg* mit keinem Wort das Problem der Parteibildung erwähnte. So erscheint die Annahme weit hergeholt, er habe in einem damals geschriebenen Brief mit der

Forderung nach der Konstituierung der Partei als Klasse eine institutionalisierte Partei gemeint. Vielmehr galt ihm auch hier, dass »jeder Schritt wirklicher Bewegung wichtiger [ist] als ein Dutzend Programme.«[99] In diesem Sinne ist zu konstatieren, dass auch in Bezug auf die Parteikonzeption bei Marx und Engels die Konstante wirkte, innerhalb der Arbeiterorganisationen um die größtmögliche theoretische Klarheit zu ringen, aber der als Partei konstituierten – also sich im bewussten Gegensatz zur Bourgeoisie befindlichen – Klasse die Initiative zur revolutionären Tat zu überlassen. Für Marx war auch die Struktur der politischen Organisation abhängig von den konkreten gesellschaftlichen Bedingungen. Von daher kann festgestellt werden, dass es an keiner Stelle im Werk von Marx eine ausgearbeitete Theorie der Partei gibt.

Eng verbunden mit der Frage nach der Partei ist die nach dem Verhältnis von Organisation und Spontaneität. Aus dem bisher Gesagten könnte hergeleitet werden, Marx sei ein Befürworter revolutionärer Spontaneität gewesen. Es ist aber wohl Klaus Meschkat zu folgen, dem zufolge Marx in allen Organisationsformen, die innerhalb der Kommune existierten, die Kommune vertreten sah. Deshalb trifft auch die Einschätzung zu, dass die traditionelle Diskussion innerhalb der Arbeiterbewegung über das Verhältnis von Organisation und Spontaneität viel zu sehr überschattet gewesen ist von der Festlegung auf eine bestimmte Form der Organisation bzw. davon, dass die Option für die revolutionäre Spontaneität die notwendige Existenz organisatorischer Elemente innerhalb der spontanen Bewegung übersieht. Betrachtet man an dieser Stelle noch einmal das Marxsche Konzept von der als Partei konstituierten Klasse, dann erscheint es wahrscheinlich, dass Marx diese Konstituie-

99 Marx, Karl: Brief an Wilhelm Bracke vom 5.5.1875. In: MEW 19, S. 13.

rung in der Pariser Kommune verwirklicht sah. Letztlich ist es nur so zu erklären, dass Marx in der Kommune die »glorreichste Tat unsrer Partei seit der Pariser Juni-Insurrektion«[100] sah, wohingegen die Pariser Sektionen der Internationale während der Kommune den Aufbau der Organisation hintanstellten. In diesem Licht betrachtet, verliert die Marx hier und da unterstellte »elitäre Parteikonzeption«[101] immer mehr an Überzeugungskraft. Dies umso mehr, als Friedrich Engels die »Revolution ›machende‹ Kampforganisation«[102] in der Auseinandersetzung mit den Positionen Auguste Blanquis eindeutig verwarf.

Zusammenfassend kann also konstatiert werden, dass Marx und Engels in der institutionalisierten Partei immer nur eine Gruppe von Menschen sahen, die es nie unterlassen, »bei den Arbeitern ein möglichst klares Bewusstsein über den feindlichen Gegensatz zwischen Bourgeoisie und Proletariat herauszuarbeiten«[103], nie aber ein Herrschaftsinstrument.

2. Die Bedeutung der Pariser Kommune für die Entwicklung der Leninschen Sozialismuskonzeption

Anders als bei Karl Marx im *Bürgerkrieg in Frankreich* stellt sich bei den Äußerungen Lenins zur Pariser Kommune nicht die Frage nach dessen Quellenkenntnissen. Lenin war ein profunder Marx-Kenner und hatte auch die neuere Kommune-Literatur zur Kenntnis genommen. Um seine Aussagen zur Pariser Kommune aber richtig einordnen zu können, ist es

100 Marx, Karl: Brief an Ludwig Kugelmann vom 12.4.1871. In: MEW 33, S. 205-206.

101 Oldenburg, Fred: Marx über die Partei – Zur Legitimationsproblematik der SED-Herrschaft. Köln 1982, S. 56.

102 Ebenda, S. 55.

103 Marx, Karl / Engels, Friedrich: Manifest der Kommunistischen Partei. Berlin/DDR 1989, S. 75.

notwendig, seine Fragestellungen und sein Erkenntnisinteresse genauer zu beleuchten. Für das Verständnis der Positionen Lenins ist es entscheidend, dass nahezu alle seine Äußerungen sich auf die konkreten politischen Bedingungen in Russland bezogen. In diesem Sinne wäre auch die Charakterisierung Lenins durch Trotzki zu verstehen: »Lenins Wirklichkeit ist immer konkret.«[104] Wenn diese Einschätzung zutrifft, dann ist es kaum verwunderlich, dass das Hauptinteresse Lenins weniger in der *historischen* Pariser Kommune lag als vielmehr in deren *Wirkung* auf die *aktuelle* revolutionäre Bewegung. Vor diesem Hintergrund kann dann Georges Haupt konstatieren, dass das Interesse Lenins an der Kommune sich auf drei Themen konzentrierte: »Probleme der Taktik und der Bündnispolitik; die Rolle der bewaffneten Kräfte in der Revolution bzw. die Rolle des Aufstands und des Bürgerkrieges; die Technik der Revolution und besonders das Verhältnis zwischen Planung und Zufälligkeiten.«[105] Der Einwand, dass sich Lenin durch dieses Erkenntnisinteresse in seinen Arbeiten immer nur mit ausgewählten Teilbereichen der Kommune-Erfahrung beschäftigt und sie dadurch isoliert habe, trifft nur bedingt zu. Die Feststellung nämlich, dass Lenin sich nicht auf die tatsächliche Kommune, sondern auf die Interpretation von Marx und Engels bezogen habe, stimmt insoweit, als er deren Werk immer als das Fundament seiner Argumentation betrachtete. Vor diesem theoretischen Hintergrund konnte und musste Lenin sein besonderes Augenmerk auf die Versäumnisse der Kommune legen, die die russische Revolution nicht wiederholen solle. Daher ist sowjetischen Historikern Recht zu geben, wenn sie feststellen, die Oktoberrevolution habe gesiegt, weil sie die

104 Trotzki, zit. nach Scheibert, Peter: Lenin an der Macht – Das russische Volk in der Revolution 1918-1922. Weinheim 1984, S. IX.

105 Haupt, Georges: Die Kommune als Symbol und als Beispiel. Trier 1974, S. 23.

Fehler der Kommune vermied. Die Frage, ob Lenin und die russischen Revolutionäre hierbei basisdemokratische Ansätze der Kommune vernachlässigt haben, soll an dieser Stelle nicht beantwortet werden.

> »Lenin selbst hielt sich für einen orthodoxen Marxisten und erhob keinen Anspruch auf Originalität. Seiner Auffassung nach war es nicht möglich, über Marx hinauszugehen, und so bemühte er sich in seinen theoretischen Arbeiten um nichts weiter als den Nachweis, dass die Marxschen Lehren mit der wirklichen Entwicklung im Einklang standen.«[106]

Diese Haltung Lenins beweist sich vor allem in seiner Auseinandersetzung mit den Revisionisten innerhalb der europäischen Sozialdemokratie, denen er die Verfälschung des Marxismus vorwarf. Sie ist aber ebenso präsent, wenn er in *Staat und Revolution* seine Staatsauffassung ausschließlich aus den Werken von Marx und Engels entwickelte. Es muss also festgehalten werden, dass die grundlegenden Aussagen Lenins auf zwei Säulen ruhten: der konkreten politischen Situation in Russland und der Marxschen Analyse. Insofern kann sich der Vorwurf, die Kommunisten hätten aus den Erfahrungen der Kommune Formeln für den Sieg abgeleitet, prinzipiell höchstens auf die Kommunisten in Leninscher Tradition beziehen. Für Lenin bot die Kommune ein Reservoir von Erfahrungen, die er für die konkrete russische Situation nutzbar zu machen versuchte, wenn er dies an einigen Stellen auch vereinfachend und sehr pragmatisch getan haben mag.

Die Kommune als Modell der bolschewistischen Diktatur des Proletariats – Das erste Mal äußerte Lenin sich im Revolutionsjahr 1905 zu den Erfahrungen der Kommune. In diesem

---

106 Mattick, Paul: Der Leninismus und die Arbeiterbewegung des Westens. In: Busch, Günther (Hg.): Lenin. Revolution und Politik. Frankfurt /M. 1970, S.7.

Text – einer Vorlesung über die Geschichte der Kommune – hielt er sich eng an die Darstellung, die Marx im *Bürgerkrieg* gab. Lenin schloss seine Notizen mit der Feststellung: »In der heutigen Bewegung stehen wir alle auf den Schultern der Kommune.«[107] Er folgte hier also der Interpretation von Marx. Wenige Wochen später hingegen verwarf Lenin den zentralen Ansatz von Marx, in der Kommune eine Arbeiterregierung zu sehen, und charakterisierte sie in seiner Schrift *Zwei Taktiken der Sozialdemokratie in der demokratischen Revolution* nur noch als eine kleinbürgerliche Regierung mit Arbeiterbeteiligung. In der konkreten politischen Auseinandersetzung riet er der russischen Sozialdemokratie sogar, sich nicht affirmativ auf die Kommune zu beziehen:

> »Was wird der Konferenzler dem Arbeiter sagen, wenn dieser ihn nach jener ›revolutionären Kommune‹ fragt, die in der Resolution erwähnt ist? Er wird nur das eine sagen können, dass in der Geschichte unter diesem Namen eine Arbeiterregierung bekannt ist, die damals nicht verstand und vermochte, die Elemente der demokratischen und der sozialistischen Umwälzung auseinanderzuhalten, die die Aufgaben des Kampfes für die Republik und die Aufgaben des Kampfes für den Sozialismus verwechselte, die nicht imstande war, die Aufgaben einer energischen militärischen Offensive gegen Versailles zu lösen, die den Fehler beging, sich nicht der Bank von Frankreich zu bemächtigen usw. Kurzum – ob ihr euch auf die Pariser oder auf irgendeine andere Kommune beruft – eure Antwort wird sein: Das war eine solche Regierung, wie es unsere nicht sein darf.«[108]

Die Pariser Kommune war für Lenin also alles andere als ein Beispiel für den revolutionären Arbeiterstaat. Klaus Meschkat führt diese Interpretation – die der Marxschen in wichtigen Punkten diametral entgegensteht – darauf zurück, dass Lenin um 1905 von einer Denkrichtung innerhalb der Sozialdemo-

107 Lenin, W.I.: Plan einer Vorlesung über die Kommune. In: Lenin: Werke (LW) 8. Berlin/DDR, S. 198.

108 Lenin, W.I.: Zwei Taktiken der Sozialdemokratie in der demokratischen Revolution. In: LW 9, S. 70.

kratie beeinflusst war, die die Kommune weniger nach ihren Entwicklungsmöglichkeiten, als mehr nach ihrem tatsächlichen Erscheinungsbild bewertete. Darüber hinaus ist bedenkenswert, dass Lenin in der Auseinandersetzung mit den Menschewiki die Politik der Kommune als Vorbild verwarf, um die radikalere Programmatik der Bolschewiki zu akzentuieren. Es fällt aber auf, dass Lenin in diesem Text einen Unterschied zwischen dem Kampf um die Demokratie und dem Kampf um den Sozialismus postulierte – eine Trennung, die es für Marx nie gegeben hat. Es ist sicherlich möglich, diese Leninsche Trennung aus den konkreten gesellschaftlichen Gegebenheiten zu erklären – aus der von Lenin gesehenen Notwendigkeit, *vor* der sozialistischen die bürgerliche Revolution zu vollenden. Es bleibt aber, dass Lenin hier Sozialismus und Demokratie voneinander unterschied. In dieses Bild passt auch, dass Lenin 1905 besonderen Wert darauf legte, sehr genau die Fehler und die besonderen Bedingungen der Kommune von 1871 zu analysieren. Trotz dieser kritischen Distanz zur Kommune verneinte Lenin aber auch in dieser Phase – anders als die deutschen Revisionisten – an keiner Stelle den wichtigen Platz, den die Kommune in der sozialdemokratischen Tradition einnahm.

1907 griff Lenin zum ersten Mal die Marxsche Formulierung von den »Himmelsstürmern« auf und bezog sie positiv auf die russischen Arbeiter. Er ging aber noch nicht den Schritt, die Kommunarden in den Rang eines Vorbildes zu erheben, denn er rückte in diesem Artikel noch nicht explizit von seiner alten Charakterisierung der Kommune ab. Die Hinwendung zur Marxschen Interpretation – in der Kommune eine vorbildliche Arbeiterregierung zu sehen – trat erst mit dem Jahr 1911 ein. In einem Gedenkartikel zum vierzigsten Jahrestag der Kommune formulierte Lenin zum ersten Mal, dass die Pariser Arbeiter die eigentlichen Träger der Kommune gewesen seien. Doch wodurch ist es zu dieser Veränderung gekommen? Sechs Jahre nach dem Sieg der Konterrevolution von 1905 lebte 1911 die revolutionäre Bewegung in Russland wieder auf. Es ist denkbar, dass Lenin bestrebt war, in dieser Situation das russische Proletariat mit einer eigenen revolutionären Tradition auszustatten. In diese Interpretation passt auch, dass Lenin in den folgenden Jahren an verschiedenen Stellen auf die Parallelen zwischen der Kommune und den aus der russischen Revolution von 1905 hervorgegangenen Sowjets eingegangen ist. Für Lenin existierte in den Sowjets also bereits der Keim einer Staatsform, wie sie die Kommune begonnen hatte aufzubauen. Lenin verstand die Sowjets in dieser Zeit stets als die »unmittelbare [...] Macht der Massen«[109], also als durchaus basisdemokratische Institutionen. Die Kommune wurde jetzt also zum Vorbild erhoben, aber die revolutionäre russische Bewegung setzte in ihrer Entwicklung bereits zum Überholen der Kommune an – so die politische Zwecksetzung.

Im Jahre 1916 begann Lenin damit, sich systematisch mit der Marxschen Auffassung vom Staat zu befassen. Aus dieser Beschäftigung entstanden Vorarbeiten zum 1917 veröffentlichten Werk *Staat und Revolution*. Dessen Herzstück bilden umfangreiche Zitate aus dem *Bürgerkrieg in Frankreich*, deren Intention Lenin – auch in Bezug auf die Erfahrungen der Kommune – vorbehaltlos übernahm. Aus dieser theoretischen Vorarbeit ist es verständlich, wenn Lenin im April 1917 erstmals das Ziel der Bolschewiki formulierte, einen Staat nach dem Vorbild der Pariser Kommune zu errichten. Erst jetzt – wenige Monate vor der Oktoberrevolution – erkannte er also die Pariser Kommune endgültig als Vorbild für die weitere revolutionäre Entwicklung Russlands an. Lenin formulierte seine Vision vom »Kommunestaat« mit den folgenden Worten:

---

109 Lenin, W.I.: Außerordentlicher IV. Gesamtrussischer Sowjetkongress. In: LW 27, S. 163.

> »1. Quelle der Macht ist nicht das vorher vom Parlament beratene und beschlossene Gesetz, sondern die direkte und von unten kommende Initiative der Volksmassen im Lande, die direkte ›Machtergreifung‹, um diesen landläufigen Ausdruck zu gebrauchen; 2. Ersetzung von Polizei und Armee, als vom Volke getrennte und dem Volke entgegengestellte Institutionen, durch die direkte Bewaffnung des gesamten Volkes; die Staatsordnung wird bei einer solchen Macht von den bewaffneten Arbeitern und Bauern selbst, vom bewaffneten Volke selbst geschützt; 3. ebenso wird die Beamtenschaft, die Bürokratie, entweder durch die unmittelbare Herrschaft des Volkes selbst ersetzt oder zumindest unter besondere Kontrolle gestellt; die Beamten verwandeln sich in nicht nur wählbare, sondern auch auf die erste Forderung des Volkes hin absetzbare Personen, ihre Rolle wird auf die von einfachen Bevollmächtigten reduziert; aus einer privilegierten Schicht mit hoher, bourgeoiser Bezahlung ihrer ›Pöstchen‹ verwandeln sie sich in Arbeiter einer besonderen ›Waffengattung‹, deren Entlohnung nicht höher ist als der übliche Lohn eines qualifizierten Arbeiters.«[110]

Das heißt vor allem, dass Lenin jetzt in seine Vision von der Sowjetrepublik sämtliche von Marx im *Bürgerkrieg* als für einen Arbeiterstaat unverzichtbar genannte Charakteristika integriert hat. Seine Vorstellungen vom sozialistischen Staatsaufbau deckten sich jetzt mit den rätedemokratischen Vorstellungen von Karl Marx. Dass diese Vorstellungen in der russischen Sowjetrepublik nur im Ansatz verwirklicht wurden, führte in der politischen Auseinandersetzung zu dem Vorwurf, dass die basisdemokratische Zielformulierung der Leninschen Losung »Alle Macht den Räten!«[111] nicht als tatsächliches Ziel, sondern nur als demagogische Losung zu verstehen sei. Hiergegen ist einzuwenden, dass Lenin in der Zeit des Bürgerkrieges immer an den Prinzipien des Kommunestaates festgehalten hat. Aus dem Umstand, dass er ab 1919 seltener Bezug auf die historische Erfahrung der Pariser Kommune nahm, könnte gefolgert werden,

---

110 Lenin, W. I.: Über die Doppelherrschaft. In: LW 24, S. 21.

111 Lenin, W. I.: Über die Aufgaben des Proletariats in der gegenwärtigen Revolution. In: LW 24, S. 5.

er sei von der Diskrepanz zwischen dem Kommunemodell und der realen Entwicklung in Sowjetrussland enttäuscht gewesen. Diese Auffassung erhält zusätzlich an Gewicht, weil Lenin erst nach 1922 wieder vermehrt auf die Erfahrungen der Pariser Kommune zu sprechen kam und sie negativen Entwicklungen im Sowjetstaat entgegenstellte. Bezug nehmend auf die Marxsche Erfahrung aus dem *Bürgerkrieg*, dass das Proletariat den alten Staat zerschlagen müsse, stellte Lenin 1923 fest:

> »Wir haben den alten Staatsapparat übernommen, und das war unser Unglück. Der Staatsapparat arbeitet sehr oft gegen uns. Die Sache war die, daß uns der Staatsapparat 1917, nachdem wir die Macht ergriffen hatten, sabotierte. Wir erschraken damals sehr und baten: ›Bitte schön, kommen Sie zu uns zurück.‹ Und alle kamen zurück. Das war unser Unglück.«[112]

Es bleibt also festzuhalten, dass Lenin nach 1917 grundsätzlich auf den von Marx entwickelten Vorstellungen einer Diktatur des Proletariats bestand – mit all ihren basisdemokratischen Implikationen. Es waren gerade diese basisdemokratischen Elemente, die Lenin aus den Erfahrungen der Pariser Kommune ableitete. »Für Marx war die direkte Demokratie ein Instrument zur Selbstbefreiung der arbeitenden Massen [...] Und zumindest ab 1905 [...] sah Lenin die Dinge ähnlich.«[113] Aber eben diese von Ernest Mandel gemachte Einschränkung ermöglicht Einschätzungen wie die, in Lenin den Ahnherrn des Stalinismus zu sehen. Auch wenn man diese Einschätzung nicht teilt, bleibt die Frage, ob Lenin mit seiner pragmatischen Unterscheidung des Kampfes um die Demokratie vom Kampf um den Sozialismus der später erfolgten Gleichsetzung der Diktatur des Proletariats mit der Diktatur der Partei Argumente gegeben hat.

---

112 Lenin, W. I.: Der IV. Kongress der Kommunistischen Internationale. In: LW 33, S. 414.

113 Mandel, Ernest: Macht und Geld – Eine marxistische Theorie der Bürokratie. Köln 2000, S. 250.

Die Legitimation revolutionärer Gewalt – In der aktuell hegemonialen Sicht auf Lenin erscheint dieser fast ausschließlich als Apologet der »gewaltrevolutionäre[n] Aktion«.[114] In diese Perspektive passt auch die Auffassung, dass Marxens *Bürgerkrieg in Frankreich* wegen seiner Rechfertigung von revolutionärer Gewalt besonders gut geeignet gewesen sei, den Bolschewiki als theoretische Grundlage zu dienen. Lenin habe zum Erreichen revolutionärer Ziele kaum eine andere Möglichkeit als die der Gewalt gesehen und revolutionäre Gewalt für legitim gehalten und bejaht. Bezogen auf die konkrete russische Situation vor 1917 könnte diese Position zutreffen, denn Lenin hatte im Jahre 1905 die Bedingungen des revolutionären Kampfes mit den folgenden Worten charakterisiert: »Der Antagonismus zwischen Proletariat und Bourgeoisie ist bei uns viel tiefer als 1789, 1848 und 1871, die Bourgeoisie wird daher die proletarische Revolution mehr fürchten und sich eher der Reaktion in die Arme werfen.«[115] Aus dem Marxschen Vorwurf an die Kommunarden, sie hätten zu spät zum Mittel des Bürgerkrieges gegriffen, leitete Lenin folgerichtig ab, die russischen Revolutionäre müssten dies eher tun und radikaler als die Kommunarden den Feind auf allen Feldern – ökonomischen und militärischen – schlagen. Genau diese Lehre zog Lenin, wenn er 1908 – nachdem er die Kommunarden wegen zu großen Sanftmuts und zögerlichen Verhaltens kritisiert hatte – formulierte:

> »[...] ungeachtet des großen Unterschieds der Ziele und Aufgaben, vor denen die russische Revolution, gemessen an der französischen von 1871, steht, musste das russische Proletariat zu derselben Kampfmethode greifen, zu der die Pariser Kommune den Grund gelegt hatte – zum Bürgerkrieg. Eingedenk ihrer Lehren

114 Grützner, Günter: Die Pariser Kommune – Macht und Karriere einer politischen Legende: Die Auswirkungen auf das politische Denken in Deutschland. Köln 1963, S. 196.

115 Lenin, W. I.: Eine Revolution vom Typus 1789 oder vom Typus 1848? In: LW 8, S. 249.

> wusste es, dass das Proletariat friedliche Kampfmittel nicht verschmähen darf – sie dienen seinen Tagesinteressen, den Interessen des Alltags, sie sind in den Zeiten der Vorbereitung der Revolution notwendig –, jedoch darf das Proletariat auch niemals vergessen, dass der Klassenkampf unter bestimmten Bedingungen die Form des bewaffneten Kampfes und des Bürgerkrieges annimmt.«[116]

Das Mittel des Bürgerkrieges erschien für Lenin also durchaus legitim zum Erreichen revolutionärer Ziele. Auffällig ist hierbei, dass Lenin – im Gegensatz zu Marx – keinen Unterschied machte, welche Seite den Krieg begonnen hat. War der Bürgerkrieg für Marx noch eine Methode, die den Revolutionären vom Feind aufgezwungen wird, so sah Lenin auch in der Eröffnung des Bürgerkrieges durch die Revolutionäre ein legitimes Mittel des Kampfes. Hierbei ist aber entscheidend, dass Lenin großen Wert darauf legte, dass die Wahl der Mittel immer auch zu vermitteln war: Von daher lehnte er die Methode des individuellen Terrors ab, weil der Sinn terroristischer Aktionen der breiten Masse des Proletariats nicht zu erklären wäre und deshalb zu einer Entfremdung der proletarischen Massen von den Revolutionären führen werde. Lenin argumentierte in diesem Zusammenhang ausschließlich pragmatisch. Diese pragmatische Haltung behielt er bei, konstatierte aber nach dem Oktoberumsturz ausdrücklich, dass der Terror nicht zu den Mitteln sozialistischer Politik zu zählen sei. Die Bezugnahmen Lenins auf die von den Kommunarden nicht vorgenommene Enteignung der Nationalbank betreffen jeweils nur das historische Ereignis der Kommune und er folgte in seiner Argumentation ausschließlich der Kritik von Karl Marx. Daraus lässt sich schließen, dass er dies – wie Marx auch – mehr als Beispiel der mangelnden Entschlossenheit der Kommunarden anführte, als dass er aus der Enteignung der Bank einen notwendigen Sieg der Kommune abgeleitet hätte.

---

116 Lenin, W. I.: Die Lehren der Kommune. In: LW 13, S. 486.

Das Konzept der »Diktatur des Beispiels« lehnte Lenin vor 1917 eindeutig ab. 1919 hingegen führte er in einer Sitzung des Petrograder Sowjets aus, dass nicht alle Arbeiter in Russland mit der Oktoberrevolution sympathisierten, die Bolschewiki seien aber – wie die Pariser Kommunarden – bestrebt, sie aufzuklären. Aus dieser Äußerung Lenins ein Einschwenken auf die Gewalt vermeidende Linie der Kommunarden zu vermuten, führt sicherlich zu weit. Sie mag aber zumindest als Indiz gegen die Auffassung gelten, die Bolschewiki hätten das Beispiel der Kommune genutzt, um jeden Terror gegen ihre Feinde und »sicherlich auch den gegenseitigen«[117] zu rechtfertigen. Äußerungen, die das Mittel des Terrors zur Durchsetzung der Revolution *explizit* befürworten, finden sich nur bei Trotzki. Klaus Meschkat weist aber darauf hin, dass sich nach der Revolution auch bei Lenin Tendenzen finden lassen, die auf eine stärkere Betonung diktatorischer Mittel verweisen. In diesem Sinne schrieb Lenin 1918, dass die Diktatur – also auch die des Proletariats – eine Form der Machtausübung sei, die »an keine Gesetze gebunden«[118] sei. Lenin thematisierte mit dieser Definition nicht die Frage, wer Träger dieser Macht ist: In diesem Text erscheint mit keinem Wort mehr die sich auf die bewaffnete Macht der Masse stützende Ordnung. Für Klaus Meschkat sind derartige Formulierungen Lenins Ausdruck einer theoretischen Unschärfe, die seiner Meinung nach auf zweierlei Art zu erklären sei: Entweder als Teil einer politischen Taktik, die die Hinwendung zu terroristischen Maßnahmen legitimieren würde, oder aber dadurch, dass die theoretische Auffassungsgabe Lenins durch die konkreten russischen Gegebenheiten beschränkt sei. Sicherlich kann man diesen Text Lenins als Apologetik einer unkontrollierba-

117 Tombs, Robert: The Paris Commune 1871. London 1999, S. 201; Übersetzung: F. G.

118 Lenin, W. I.: Die proletarische Revolution und der Renegat Kautsky. In: LW 28, S. 234.

ren Ausübung der Herrschaft lesen. Es ist aber zu konstatieren, dass Lenin an keiner Stelle für die manifeste Gewalt gegen Individuen eingetreten ist. Die diktatorische Einschränkung der Demokratie durch revolutionäre Organe betraf für Lenin nur die Einschränkung der politischen Partizipationsmöglichkeiten der Bourgeoisie und der Aristokratie. Gewalt – und auch der rote Terror – waren Lenin nie Mittel, die Revolution durchzusetzen, sondern sollten ausschließlich der Verteidigung gegen den weißen Terror dienen. Mit dieser Beschreibung bewegte er sich an keiner Stelle im Widerspruch zu seinen Vorstellungen in Bezug auf den revolutionären Staatsaufbau. Dies umso weniger, wenn man den Gedanken von Ernest Mandel berücksichtigt, dass eine feste Diktatur des Proletariats nur auf der Grundlage einer strikten Einhaltung demokratischer Formen innerhalb der machthabenden Klasse aufzubauen ist.

Zusammenfassend bleibt festzustellen, dass Lenin – im Gegensatz zu Marx – pragmatisch mit dem Einsatz von Gewalt umgegangen ist. Lenin kann nicht als ein bedingungsloser Anhänger der Gewalt bezeichnet werden, wohl aber war sie für ihn ein Mittel, dessen Einsatz auf seine Zweckmäßigkeit zu prüfen war. Ausgehend von den konkreten Bedingungen und der nüchternen Analyse der Kräfteverhältnisse vor 1917 konnte er sich wohl zu Recht nur schwerlich eine Revolution vorstellen, die ausschließlich mit friedlichen Mitteln erfolgreich sein würde. Auch die Pariser Kommune hätte, um sich zu behaupten, zweifellos mehr Gewicht auf militärische und repressive Maßnahmen legen müssen. Insofern entsprach die Leninsche Haltung zur revolutionären Gewalt den konkreten russischen Gegebenheiten und sie zog eine explizite Lehre aus den Erfahrungen der Kommune. Überlegungen der Kommunarden, inwiefern eine Anwendung der Mittel des Gegners auch revolutionäre Ziele diskreditieren muss, finden sich indes bei Lenin an keiner Stelle.

Nach Sichtung dieser Textstellen von Lenin mag man zu dem Ergebnis kommen, Lenin habe stets nur darüber nachgedacht, wann welche Gewalt gegen wen angewendet werden kann und muss. Begreift man ihn auf diese Weise, wird man ihm einen bedenkenlosen Umgang mit Gewalt vorwerfen. Auf der anderen Seite sind aber Aussagen Lenins überliefert, in denen er seine Abscheu vor Gewalt zum Ausdruck bringt. Will man diese beiden Pole im Denken Lenins in Einklang bringen, muss man in erster Linie die besondere Situation der Arbeiterbewegung im zaristischen Russland mit seinen despotischen Verhältnissen in Rechnung stellen – die berüchtigte Geheimpolizei und andere Unterdrückungsapparate beziehungsweise die aggressive ausländische Intervention, die Brutalität der Konterrevolution mit ihrem Terror in dem von ihr in Gang gesetzten Bürgerkrieg nach dem fast unblutigen Umsturz vom Oktober 1917. Einmal auf dieser Spur, gelangt man indes schnell zur Feststellung Antonio Gramscis, dass die Oktoberrevolution eine Revolution gegen das *Kapital* von Karl Marx gewesen sei, weil die Bolschewiki in ihr bewiesen hätten, dass »die Grundprinzipien des historischen Materialismus nicht so eisern sind, wie man hätte annehmen können und wie man annahm.«[119] Gramsci schreibt weiter, dass die Bolschewiki keine »Marxisten« seien, »sie haben nicht auf der Grundlage der Werke des Meisters eine aufgesetzte Lehre aus dogmatischen und unbestreitbaren Behauptungen fabriziert. Sie leben gemäß dem marxistischen Denken.« In Anbetracht dessen und in Erwägung auch der Leninschen Überzeugung, dass die Wahrheit immer konkret ist, wird man seine Politik und die Politik der Bolschewiki als nachvollziehbare, aber zeitbedingte Antwort auf die Herausforderungen begreifen, die die russische Wirk-

119 Gramsci, Antonio: Die Revolution gegen das »Kapital«. In: Neubert, Harald (Hg.): Antonio Gramsci – vergessener Humanist? Eine Anthologie. Berlin 1991, S. 32.

lichkeit an die revolutionäre Arbeiterbewegung stellte. In dieser Perspektive sind die von Lenin aus der Niederlage der Pariser Kommune und der Großmütigkeit der Kommunardinnen und Kommunarden gezogenen Lehren historisch zu begreifen. Eine Aktualisierung dieser Lehren darf genauso wenig die Niederlage der kommunistischen Bewegung und der realsozialistischen Staaten am Ausgang des 20. Jahrhunderts ignorieren. Zu scheitern droht eine Praxis, die nicht *beide* Erfahrungen aufhebt und entweder revolutionäre Gewalt kategorisch ausschließt oder aber sie gleichsam summarisch verabsolutiert.

Die Rolle der Partei bei Lenin – 1911 beschrieb Lenin, was Hermann Duncker einige Jahre später als das große Verhängnis der Pariser Kommunarden bezeichnen sollte: das Fehlen der Partei:

> »[Es] war keine Arbeiterpartei vorhanden, es fehlte die Vorbereitung und lange Schulung der Arbeiterklasse, die in ihrer Masse noch nicht einmal eine völlig klare Vorstellung von ihren Aufgaben und den Methoden zu ihrer Lösung hatte. Es gab weder eine ernsthafte politische Organisation des Proletariats noch umfassende Gewerkschaften und Genossenschaften ...«[120]

Für Klaus Meschkat steht fest, dass eine solche Äußerung Lenins nur vor dem Hintergrund seiner Parteikonzeption zu verstehen sei, die ihn dazu brachte, in einer straffen Organisation der Revolutionäre ein Unterpfand des revolutionären Siegs zu sehen. Das Modell dieser Partei, die den einen undemokratisches Vehikel, den anderen der Garant des revolutionären Siegs ist, hat Lenin zuerst 1904 entworfen. Allerdings bezogen sich seine damaligen Ausführungen ausschließlich auf den in seinen Augen notwendigen straffen Zentralismus innerhalb der in tiefe Illegalität gezwungenen und verfolgten Partei. In sei-

---

120 Lenin, W. I.: Dem Andenken der Kommune. In: LW 17, S. 124.

ner Broschüre *Was tun? Brennende Fragen unserer Bewegung* von 1905 wiederholte Lenin diese Überlegungen, stellte sie aber in den größeren Zusammenhang der Organisation der gesamten Arbeiterbewegung. Zusammenfassend formulierte Lenin in diesem Kontext seine Parteikonzeption mit den folgenden Worten:

> »Die Organisation der Arbeiter muss erstens eine gewerkschaftliche sein; zweitens muss sie möglichst umfassend sein; drittens muss sie möglichst wenig konspirativ sein (ich spreche natürlich hier und weiter unten nur vom autokratischen Russland). Die Organisation der Revolutionäre dagegen muss vor allem und hauptsächlich Leute erfassen, deren Beruf die revolutionäre Tätigkeit ist (darum spreche ich auch von der Organisation der Revolutionäre, wobei ich die revolutionären Sozialdemokraten im Auge habe). Hinter dieses allgemeine Merkmal der Mitglieder einer solchen Organisation muss jeder Unterschied zwischen Arbeitern und Intellektuellen, von den beruflichen Unterschieden der einen wie der anderen ganz zu schweigen, völlig zurücktreten. Diese Organisation muss notwendigerweise nicht sehr umfassend sein und möglichst konspirativ sein.«[121]

Lenin skizzierte hier eine konspirative Organisation der Revolutionäre, die nicht in allen Bereichen des Parteilebens demokratisch strukturiert sein könne. Lenin war sich dieses Umstandes anscheinend bewusst, denn er verwies darauf, dass dieses Modell einer revolutionären Organisation unter den besonderen Bedingungen und für die Bedingungen des zaristischen Russland entworfen wurde. Eindeutiger noch formulierte er: »Wer aber unter dem Absolutismus eine breite Arbeiterorganisation mit Wahlen, Berichten, allgemeinen Abstimmungen usw. haben will, der ist einfach ein unverbesserlicher Utopist.«[122] Insofern ist die Parteikonzeption, die Lenin in *Was tun?* entwickelte, zeitgebunden und spiegelte die Notwendigkeiten der illegalen

121 Lenin, W. I.: Was Tun? In: LW 5, S. 468.

122 Ebenda, S. 476.

Arbeit der russischen Sozialdemokratie wider. Klaus Meschkat zufolge stammte diese Konzeption gar nicht originär von Lenin, sondern entsprang einem Diskurs, der um die Jahrhundertwende innerhalb der russischen Sozialdemokratie geführt wurde. Plechanow sei es gewesen, der das Hauptmanko der Kommune schon vor Lenin in der mangelnden Organisation erblickt habe. Vor diesem Hintergrund lassen sich die Ausführungen Lenins weniger als Abkehr von demokratischen Gepflogenheiten verstehen, sondern ausschließlich als Warnung, aus demokratischen Regeln einen Fetisch zu machen, unter Umständen zu dem Preis, die revolutionäre Bewegung vom absolutistischen Staat zerschlagen zu lassen. Das spricht für die Interpretation der Leninschen Konzeption, die für eine Partei entwickelt wurde, die unter den Bedingungen der Illegalität arbeitet, also unter Bedingungen, unter denen es keinerlei demokratische Rechte gab und deshalb eine spontane politische Aktion der Arbeiter als kaum denkbar erscheint. Sähe man an dieser Stelle nochmals über Lenins pragmatische Unterscheidung des Kampfes um die Demokratie vom Kampf um den Sozialismus und die für den Sozialismus notwendigen demokratischen Mittel hinweg, erscheint die Meinung, Lenins Parteikonzeption sei ein Ausdruck seines geschwundenen Vertrauens in die Spontaneität der Arbeiterklasse, hinfällig. Neue Nahrung erhält aber diese Auffassung, wenn man die Kritik Rosa Luxemburgs an Lenin bedenkt. Mit explizitem Bezug auf die russischen Verhältnisse des Jahres 1905 warf sie Lenin vor, die Spontaneität der Massen zu unterschätzen, und konstatierte:

> »Die sozialdemokratische Bewegung ist die erste in der Geschichte der Klassengesellschaften, die in allen ihren Momenten, im ganzen Verlauf auf die Organisation und die selbständige direkte Aktion der Masse berechnet ist.«[123]

123 Luxemburg, Rosa: Organisationsfragen der russischen Sozialdemokratie. In: Dies: Gesammelte Werke, Bd. 1/2. Berlin/DDR 1988, S. 427.

Ernest Mandel stellte in Bezug auf die Auseinandersetzung zwischen Lenin und Luxemburg fest, dass der Dissens zwischen beiden so tief gar nicht sei. Auch Lenin sei sich darüber im Klaren gewesen, dass die elementare Aktivität der Massen eine Revolution überhaupt erst möglich mache. So richtig diese Einschätzung Mandels sicherlich ist – Lenin selbst betonte auch in dieser Phase immer wieder die Bedeutung spontaner Aktionen und der Selbsttätigkeit der Masse der Arbeiter –, so deutlich bleibt doch, wo die Grenzen der Leninschen Konzeption lagen: Anders als Marx und Engels verfolgte Lenin offensichtlich das Ziel, die Klasse nach einem bestimmten Plan zu *erziehen* und zu *leiten*. Zwar begriff Lenin die Partei stets als Teil der Klasse und das Verhältnis zwischen den Kommunisten und der Arbeiterklasse daher nicht als eines von Führer und Befehlsempfänger, sondern als Ausdruck eines wechselseitigen Lernprozesses. Durch eine verkürzte Interpretation durch seine Nachfolger konnten diese Aussagen Lenins jedoch zu einer ideologischen Begründung für die vermeintliche »Unfehlbarkeit des allerbesten ›Zentralkomitees‹«[124] werden, das Rosa Luxemburg bereits 1904 voraussah.

Nach der Oktoberrevolution standen die Bolschewiki vor ganz neuen Aufgaben. Aus der illegalen Partei war die Organisatorin des revolutionären Aufbaus geworden. Schon in seinen *Aprilthesen* des Jahres 1917 hatte Lenin festgehalten, dass alle revolutionäre Macht von den Sowjets auszugehen habe. Aus der Tatsache, dass die Partei dennoch nicht aufgelöst wurde, ist in der geschichtswissenschaftlichen Debatte gefolgert worden, dass nicht die Sowjets, sondern die Partei die eigentliche Machtzentrale des jungen sowjetischen Gemeinwesens gewesen sei. Diese Argumentation kann sich auf Aussagen aus Lenins *Linkem Radikalismus* berufen, in denen er die führende

124 Ebenda, S. 444.

Rolle der kommunistischen Partei postulierte. Ernest Mandel hält dieser Argumentation jedoch entgegen, dass Lenins Verständnis von der führenden Rolle der Partei immer auch eine politische Forderung an die Partei gewesen sei, sich diese Rolle zu erarbeiten. Auch bei dieser Interpretation kann Mandel sich auf Lenins *Linken Radikalismus* stützen. Lenin schrieb dort, dass die führende Rolle der Partei entstehe »durch die Richtigkeit der politischen Führung, die von dieser Avantgarde verwirklicht wird, durch die Richtigkeit ihrer politischen Strategie und Taktik, unter der Bedingung, dass sich die breitesten Massen durch eigene Erfahrung von dieser Richtigkeit überzeugen.«[125] In diesem Sinne bestünde kein Widerspruch zwischen den Aussagen der *Aprilthesen* – alle Macht habe von den Sowjets auszugehen – und der Leninschen Parteikonzeption. Auch das Argument, Lenin habe sich mit seiner Forderung nach einem organisierten Vortrupp der Arbeiterklasse von den Vorstellungen des *Kommunistischen Manifests* entfernt, wäre insofern nicht stichhaltig, als er – nach den Prämissen des *Linken Radikalismus* – nicht die Klasse »ummodeln« wollte, sondern in der Partei lediglich den »entschiedenste[n], immer weitertreibende[n] Teil«[126] der Arbeiterbewegung sah. Die Partei sei – dieser Argumentation folgend – also nicht Trägerin der revolutionären Macht, sondern – mit Marx – ausschließlich der radikalste Teil der revolutionären Bewegung. Ein Problem besteht aber darin, dass Lenin sich von seiner konspirativen Konzeption aus *Was tun?* später nirgendwo explizit distanziert hat.

In den Augen Mandels war die Leninsche Partei bis in das Jahr 1920 eine vollständig demokratische Organisation. Für

---

125 Lenin, W. I.: Der »linke Radikalismus«, die Kinderkrankheit im Kommunismus. Frankfurt/M. 1971, S. 8.

126 Marx, Karl / Engels, Friedrich: Manifest der Kommunistischen Partei. Berlin/DDR 1989, S. 36.

die Jahre 1920 und 1921 bescheinigt er der Kommunistischen Partei Russlands einen einschneidenden Abbau von demokratischen Partizipationsrechten der Mitglieder durch die Einführung des Fraktionsverbotes innerhalb der Partei. Mandel empfindet diese Veränderung der Politik als paradox in einer Zeit, da die militärische Bedrohung des Bürgerkrieges überwunden war und dadurch politischer Raum für eine Ausweitung der Sowjetdemokratie gegeben schien. Er selbst konstatiert einen Zusammenhang zwischen der Einführung der Neuen Ökonomischen Politik (NÖP) – der partiellen Wiedereinführung von Marktmechanismen in die russische Ökonomie – und Lenins neuem Herangehen an Aufgaben und Wesen der Partei. In dieser Situation trennten sich etliche Mitglieder von der Partei.

Die Revolution geriet trotz des militärischen Sieges in die Defensive, und Lenin stellte in seiner Schrift *Über die Gewerkschaften* fest, dass die Arbeiterklasse durch den Imperialismus nach wie vor noch so korrumpiert sei, dass sie nicht in der Lage sei, ihre Diktatur unmittelbar zu verwirklichen.[127] In der gleichen Situation warnte er auch vor einer zu starken Erweiterung der Mitgliederbasis in einer regierenden kommunistischen Partei, da dies zwangsläufig zu einem Eindringen von Karrierismus führen würde. Insofern versuchte Lenin an die in *Was tun?* entworfene Organisation der Revolutionäre anzuknüpfen, um die Erfolge der Revolution zu sichern. Wenngleich Lenin also auch nach der Revolution noch die Diktatur des Proletariats als Herrschaftsform der gesamten Klasse als erstrebenswert erachtete, dann muss hier trotzdem festgehalten werden, dass er – wenn nicht 1905, dann 1920 – anscheinend sein »Vertrauen« in die spontane Massenbewegung der Arbeiterklasse verloren hatte.

127 Lenin, W. I.: Über die Gewerkschaften. In: LW 32, S. 3.

Wenn angesichts der oben zitierten Interpretation Lenins Ernest Mandel zu folgen ist, dann kann konstatiert werden, dass Lenin mit dieser Einschätzung – der Korrumpierbarkeit – eine zeitweilige Erscheinung in der russischen Arbeiterklasse verallgemeinerte.

Aus dem Dargestellten ergibt sich, dass Lenins Parteikonzeption in enger Anlehnung an die konkreten Gegebenheiten in Russland entstanden ist. Wobei auch in diesem Zusammenhang wieder Lenins Pragmatismus zutage trat: Er entwickelte kein fundiertes System, sondern Organisationsschemata, die in *eine* bestimmte historische Situation passten und dort auf das Erreichen eines Zieles gerichtet waren. Seine wenigen Bezugnahmen auf die Pariser Kommune in diesem Kontext betonten aber an keiner Stelle die unterschiedlichen historischen Bedingungen der Organisation in Russland und in Paris. Durch diesen Umstand war ihm das Scheitern der Kommune ein Legitimationszusammenhang für die Berechtigung seiner Parteikonzeption.

Doch blieb bei Lenin die Pariser Kommune noch als Beispiel und als Richtschnur für eigenes Handeln lebendig. Sie war für ihn der Ausgangspunkt von welthistorischer Bedeutung, an dem sich die Bolschewiki messen lassen mussten. Insofern war ihm die Kommune auch Folie für mögliche und notwendige Selbstkritik.

X. Neuere Debatten um die Pariser Kommune

> »Meine Herren, und wenn auch im Augenblick Paris unterdrückt ist, dann erinnere ich sie daran, daß der Kampf in Paris nur ein kleines Vorpostengefecht ist [...] und daß, ehe wenige Jahrzehnte vergehen, der Schlachtenruf des Pariser Proletariats ›Krieg den Palästen, Friede den Hütten, Tod der Not und dem Müßiggange!‹ der Schlachtruf des gesamten europäischen Proletariats werden wird.«
>
> *August Bebel*[128]

Noch während in Paris die Kämpfe zur Verteidigung der Kommune tobten, versicherte August Bebel die Kämpfenden der Pariser Kommune der Solidarität der revolutionären deutschen Sozialdemokratie und erklärte im Reichstag, dass während der blutigen Maiwoche bei der Niederschlagung der Kommune »das ganze europäische Proletariat und alles, was noch ein Gefühl für Freiheit und Unabhängigkeit in der Brust trägt, [...] auf Paris«[129] sieht. Bebel ließ keinen Zweifel an seiner Haltung zur Pariser Kommune. Er gab vielmehr seiner Überzeugung Ausdruck, dass »die Hauptsache in Europa uns noch bevorsteht und daß, ehe wenige Jahrzehnte vergehen, der Schlachtenruf des Pariser Proletariats ›Krieg den Palästen, Friede den Hütten, Tod der Not und dem Müßiggange!‹ der Schlachtruf des gesamten europäischen Proletariats werden wird.«[130] Doch die Sozialdemokratie trennte sich recht bald

128 Bebel, August: Die Pariser Kommune – Vorpostengefecht des europäischen Proletariats: Aus der Rede im Deutschen Reichstag gegen die Annexion von Elsaß-Lothringen 25. Mai 1871. In: Ders.: Ausgewählte Reden und Schriften, Bd. 1 – 1863-1878. Berlin/DDR 1970, S. 150.

129 Ebenda.

130 Ebenda.

von ihren revolutionären Überzeugungen. Bereits im Jahre 1899 riet Eduard Bernstein seiner Partei, sich von der Pariser Kommune zu distanzieren. Im Gründungsjahr der KPD konstatierte der Sozialdemokrat Karl Kautsky in seiner Schrift *Kommunismus und Terrorismus* von 1919, dass die Erfahrungen der Pariser Kommune der jungen Generation kaum mehr bekannt seien. 1931 schließlich schrieb Hermann Wendel in der sozialdemokratischen Zeitschrift »Die Gesellschaft«, dass die Erfahrungen der Kommune für die Sozialdemokraten nur mehr von historischem Interesse seien. Spätestens an diesem Punkt vollzog die Sozialdemokratie ihren Abschied von der Pariser Kommune.

Die anarchistische Rezeption sieht in der Pariser Kommune zwar eine vorbildliche revolutionäre Bewegung, wirft ihr aber vor, sie habe nach ihrer Etablierung wieder staatliche Strukturen geschaffen und sich dadurch mit dem Feind gemein gemacht. Die Kommune-Erfahrung wird in der anarchistischen Tradition zwar als wichtige Episode gesehen, aber nicht mehr als Bezugspunkt zur Formulierung von Zielvorstellungen verwendet.

Innerhalb der kommunistischen Bewegung blieb die Pariser Kommune als Teil der eigenen Tradition stets lebendig. So regte etwa der Pädagoge Edwin Hoernle an, in den kommunistischen Kindergruppen, deren Mitbegründer er war, die Erinnerung an die Pariser Kommune in Form von Erzählungen, Seminaren oder auch in Geländespielen wachzuhalten. Doch betrat mit der Oktoberrevolution ein neues und anscheinend erfolgreicheres Modell die Bühne der Weltgeschichte, was auch für Kommunistinnen und Kommunisten den Fokus des Interesses von der Kommune auf den Roten Oktober verschob. Stalin schließlich erklärte, dass die Pariser Kommune eine Keimform des Sozialismus gewesen sei. Die Sowjetmacht sei – so Stalin weiter – »ihre Entwicklung und

Vollendung.«[131] Eine weitere Auseinandersetzung mit der Kommune hatte angesichts dieses Diktums nur noch historischen Wert. Doch gleichzeitig verstanden sich die regierenden kommunistischen Parteien als Erben und Sachwalter der Pariser Kommune. Die wissenschaftlichen Debatten um deren historischen Ort berührten dadurch stets auch das Selbstverständnis und die Legitimation der sich als sozialistisch verstehenden Staaten. Dieser Umstand wird auch dadurch deutlich, dass die Pariser Kommune auch ein Gegenstand in den Auseinandersetzungen zwischen der KPdSU und der KP der Volksrepublik China wurde. Der Bezug auf die historische Kommune diente hier in erster Linie dem gegenseitigen Vorwurf des Verrats an revolutionären Prinzipien und damit vor allem tagespolitischen Interessen.

Auf den ersten Blick scheint das Ende des sozialistischen Versuchs, der mit der Oktoberrevolution von 1917 begonnen hatte, auch das Schicksal der Erinnerung an den revolutionären Anlauf von 1871 endgültig zu besiegeln. In den vergangenen Jahren wurden jedoch eine Handvoll Publikationen vorgelegt, die sich dem politischen Erbe der Pariser Kommune erneut zuwendeten. Als Beispiele für zwei grundverschiedene Zugänge zu einer möglichen Aktualisierung der Kommune-Erfahrung sollen hier zwei dieser Publikationen kurz vorgestellt und diskutiert werden: das 2011 in deutscher Übersetzung erschienene Buch *Die kommunistische Hypothese* des französischen Philosophen Alain Badiou und das 2012 von Manfred Sohn vorgelegte Buch *Der dritte Anlauf – Alle Macht den Räten*.

Alain Badiou referiert die historischen Fakten des Frühjahrs 1871 und konfrontiert sie mit den Interpretationen von Marx und Lenin. Doch obgleich er sich selbst als kommu-

131 Stalin, J.W.: Fragen des Leninismus. Moskau 1947, S. 49.

nistischen Intellektuellen begreift, verwirft er die Schlussfolgerungen, die Marx aus der Kommune-Erfahrung zog. Für Badiou war die Kommune in erster Linie ein Aufstand der Pariser Arbeiterinnen und Arbeiter gegen die Repräsentanten der politischen Linken in Frankreich. Dabei erblickt er diese Linke in den republikanischen Kräften innerhalb der in Bordeaux tagenden Nationalversammlung. Die Linke – so Badiou – habe stets das Interesse des bürgerlichen Staates vertreten und das Proletariat in diesen Staat eingebunden. Insofern betrachtet Badiou auch die Marxsche Interpretation als zumindest ambivalent. Zwar habe Marx die Kommune für jeden Schritt gelobt, mit dem sie Formen der Staatlichkeit abgebaut habe, gleichzeitig habe er aber auch ihre größten Schwächen (etwa das zögerliche Vorgehen gegen Versailles oder den fehlenden Zugriff auf die französische Nationalbank) auf dem Feld gesehen, das Badiou als explizit staatlich definiert. In der Folge habe sich in der marxistischen Linken ein Glaube durchgesetzt, dem zufolge alleine die Beantwortung der Machtfrage das Überleben der proletarischen Revolution garantiere. Das Ergebnis sei das Modell der leninistischen Partei, die »(seit Stalin ganz und gar) die Figur des Partei-Staats«[132] erzeugt habe. Folgerichtig stellt er die Frage, ob dieser Partei-Staat, »indem er einen Ausweg für die staatlichen Probleme, die die Kommune nicht lösen konnte, bot, zahlreiche politische Probleme, die die Kommune verdienstvoll vorhersah, beiseite geschoben hat.«[133]

Nach der Niederlage des Staatssozialismus nach sowjetischem Vorbild drängen sich diese Überlegungen zwangsläufig auf. Bereits im Jahre 2001 erinnerte die Theaterwissenschaftlerin Katrin Lange in einem Artikel an die Premiere des Brechtstücks »Die Tage der Kommune« im Jahre 1961 und

132 Badiou, Alain: Die kommunistische Hypothese. Berlin 2011, S. 123.

133 Ebenda.

formulierte die folgende Hypothese, die auf den ersten Blick auf einer Linie mit der Argumentation Badious liegt: »Lenin und alle, die nach ihm kamen, standen gleichsam auf den Schultern der gescheiterten Kommune und leiteten aus deren Unterschätzung der Machtfrage deren Überschätzung ab.«[134] Die Ähnlichkeit dieser beiden Positionen löst sich jedoch bei einer genaueren Prüfung auf. Katrin Lange nämlich konstatiert lediglich eine Überschätzung der Machtfrage durch die kommunistische Weltbewegung. Alain Badiou jedoch leugnet die Relevanz der Machtfrage schlichtweg, wenn er schreibt, dass die Pariser Kommune zwar die Perspektive auf eine andere Welt beinhalte, diese jedoch vollständig auf staatliche Formen zu verzichten habe, um dem Erbe der Kommune gerecht zu werden. Er bezieht damit einen Standpunkt, der moralisch unangreifbar ist, der aber von den Realitäten der gesellschaftlichen Auseinandersetzungen absieht und den Übergang zum Sozialismus zu einem individuellen Akt erklärt. Alain Badiou vermeidet auf diese Weise zwar alle Fehler, die in den Ländern gemacht wurden, die sich in der Tradition der Oktoberrevolution sahen, lässt die Lesenden aber auch mit der Frage allein, wie die Überwindung des Kapitalismus und die Umgestaltung der Gesellschaft ohne eine Beantwortung der anstehenden Macht- und Verwaltungsfragen – die ihn nach eigenem Bekunden nicht interessieren – zu bewerkstelligen sei. Auf diese Weise würde die von Badiou in den Blick genommene »Schöpfung einer Disziplin, die vom Einfluss des Staats subtrahiert, einer Disziplin, die durch und durch politisch«[135] sei, allem Anschein nach nie auf der Tagesordnung stehen. Seine Darlegungen zeigen, dass man an der Machtfrage tatsächlich doppelt

134 Lange, Katrin: Meine Sache – Vergangene Revolution, vergangenes Theater: Erinnerung an die Premiere von Brechts »Tage der Kommune« 1962. In: junge Welt v. 17./18.3.2001, S. 12.

135 Badiou, Alain: Die kommunistische Hypothese. Berlin 2011, S. 151.

scheitern kann: Emanzipatorische Bewegungen scheitern an ihr zwangsläufig, wenn sie die Machtfrage unreflektiert stellen, aber ebenso zwangsläufig, wenn sie sie erst gar nicht stellen. In der zukünftigen Diskussion um die Lehren der Pariser Kommune und der Erfahrungen, die nach der Oktoberrevolution gesammelt werden konnten, wird es daher (auch) darum gehen müssen, den Widerspruch zwischen der wahrscheinlich noch lange Zeit nötigen staatlichen Verwaltungstätigkeit und der für die neue Gesellschaft überlebenswichtigen Rücknahme staatlicher Funktionen durch die Gesellschaft aufzuheben. Eben an dieser Dialektik scheitert Alain Badiou.

Manfred Sohn teilt mit Badiou die Überzeugung, dass nach 1989 ein Nachdenken über andere Wege zum Sozialismus nötig ist, als sie die Oktoberrevolution gewiesen hat. Sohn hält jedoch an der Einsicht fest, dass der Sozialismus nur in erbitterten Klassenkämpfen zu erringen ist, und verwirft daher jeden Ansatz einer individualistischen Überwindung der kapitalistischen Produktionsverhältnisse. Ihm geht es darum, Lehren aus den Fehlern und Erfolgen beider bisheriger Anläufe – der Pariser Kommune und der sozialistischen Versuche, die sich an die Oktoberrevolution anschlossen – zu ziehen, um einen gangbaren Weg über den Kapitalismus hinaus zu finden.

Anschließend an die Kritik von Karl Marx stellt Manfred Sohn fest, dass die Pariser Kommune sicher nicht an einem Übermaß von Zentralisation, der sozialistische Anlauf nach 1917 wiederum nicht an einem Mangel an derselben gescheitert sei. Im Anschluss an beide Ereignisse, die er als Teil des kollektiven Gedächtnisses der Linken begreift, geht es ihm um eine Strategie, die die positiven Erfahrungen beider Anläufe in sich aufnimmt. Dabei geht er von der Überzeugung aus, dass Sozialismus nur im Interesse der Mehrheit der Menschen und mit ihrer aktiven Unterstützung durchzusetzen sei. Von daher orientiert er in seinem Buch auf einen neuen Sozialismus, der seine soziale Basis auf kommunaler Ebene zu finden habe – also auf der Ebene, die im Kapitalismus als die unterste Stufe der staatlichen Organisation gilt, im Sozialismus aber die entscheidende Stufe sei, weil auf ihr die Menschen ihr Leben gestalteten. An dieser Stelle macht Sohn das Erbe der Pariser Kommune stark und verdeutlicht, dass ein neuer Anlauf zum Sozialismus nicht an der mangelnden Teilhabe der Menschen vor Ort scheitern dürfe. Aus diesem Credo entwickelt er Forderungen und Kategorien für den Übergang zum Sozialismus. Dabei richtet er seinen Blick sowohl auf die Gestaltung der sozialistischen Ökonomie als auch auf Fragen der notwendigen Geschlechtergerechtigkeit in der neuen Gesellschaft. Gemeinsam mit der marxistischen Philosophin Frigga Haug weiß Sohn, dass die Sphären von Produktion und Reproduktion im Leben der Menschen nicht zu trennen sind.

Da Märkte »sozialen Belangen gegenüber gleichgültig, niemals demokratisch«[136] sind, plädiert Sohn für eine demokratische Wirtschaftsplanung. Seine Vorstellung von sozialistischer Wirtschaftsplanung hat jedoch recht wenig gemein mit den Planungsmodellen in den sowjetisch geprägten Ländern des 20. Jahrhunderts. Vielmehr schwebt ihm eine Planung vor, die nicht zentralisiert, sondern in hohem Maße dezentralisiert ist. Am Beispiel der Energieversorgung macht er deutlich, dass angesichts der modernen Möglichkeiten der Energiegewinnung die Versorgung von 80 Prozent der deutschen Kommunen mit Mitteln aus den Kommunen selber möglich ist, wenn die Macht der Energiekonzerne gebrochen ist, für die ihre Produkte keinen Nutzwert besitzen, sondern einzig Mittel zur Profitmaximierung sind. Wenn die Entscheidung über die Produktion und Verwendung der Energie bei den Kommunen und

136 Vgl. Sohn, Manfred: Der dritte Anlauf – Alle Macht den Räten. Köln 2012, S. 102.

ihren gewählten Räten liegt, dann sind deren Entscheidungen angebunden an die Interessen und die Kontrolle der Menschen, die die Energie schließlich nutzen. Ein solches Modell der demokratischen Gestaltung und Kontrolle kann auch auf andere Sektoren der Produktion übertragen werden, wenn es gelingt, die Legitimität der jeweiligen Entscheidung an basisdemokratische Prozesse anzubinden. An dieser Stelle scheint bei Sohn das Beispiel des imperativen Mandats durch, das von den Kommunardinnen und Kommunarden des Jahres 1871 praktiziert worden ist. Er weiß auch, dass ein solches Modell nur durchführbar ist, wenn die Kommunen oder die Betriebsbelegschaften tatsächliche Verfügungsgewalt über die Produktion besitzen und die Macht der Bourgeoisie endgültig gebrochen ist. Das ist eine nach wie vor gültige Lehre, die die Bolschewiki aus der Pariser Kommune gezogen haben.

Die historische Erfahrung, dass Frauen eine maßgebliche Rolle in Revolutionen spielen, wenn sie »die Morgenluft von Freiheit, Gleichheit und Geschwisterlichkeit wittern«[137], sich aber aus diesen Auseinandersetzungen herausziehen, wenn sich wieder patriarchale Machtstrukturen durchsetzen, begreift Sohn sowohl als wichtigen Indikator für die aktive Teilhabe aller Menschen, ausdrücklich auch der Frauen, am revolutionären Prozess. Dabei wird deutlich, dass die Lebensbereiche Produktion und Reproduktion in einer geschlechtergerechten Gesellschaft nicht voneinander zu trennen sind, wenn es darum geht, allen Menschen die gleichen Rechte zu garantieren. In diesem Sinne argumentiert Manfred Sohn mit Rosa Luxemburg, dass es im Kapitalismus die nichtkapitalistisch organisierte Reproduktionsarbeit gibt, die in ihrer heutigen Form die Logik des Kapitalismus stützt. »Deshalb können die Produktionsverhältnisse nicht umgewälzt werden, ohne die Reproduktionsverhält-

137 Ebenda, S. 64.

nisse umzuwälzen. Deshalb kann die Befreiung der Lohnarbeit ohne die Befreiung der Reproduktionsarbeit und damit der Frau nicht vollzogen werden.«[138]

Der so von Sohn skizzierte Entwurf eines dritten Anlaufs zum Sozialismus basiert auf fünf Schritten, die er mit den Fingern einer Faust vergleicht und mit folgenden Begriffen belegt: Umverteilung, Vergesellschaftung der Produktionsmittel, Veränderung der Geometrie der Macht zur Durchsetzung basisdemokratischer Strukturen, Demokratisierung der Betriebe und schließlich Veränderung der zwischenmenschlichen Kultur. Sohn ist sich bei der Beschreibung dieser Schritte bewusst, dass die von ihm aufgezeigte Entwicklungsrichtung eine langfristige Perspektive darstellt und sich die fünf Finger seiner Faust nicht getrennt entwickeln, sondern immer aufeinander bezogen gedacht werden müssen. Bildlich beschreibt er seine Perspektive in der folgenden Passage:

»Der dritte Anlauf wird also Elemente der Amazonen und der Roten Armee aufgreifen, muss also nicht nur in der Lage sein, im Inneren konsequent Demokratisierung, Geschlechtergerechtigkeit und Dezentralität als Ordnungsprinzip durchzusetzen, sondern gleichzeitig für die Verteidigung dieses weichen inneren Kerns in der Lage sein, die Härte und auch die Fähigkeit zum zentral koordinierten Handeln zu entwickeln, die notwendig sind zur Verteidigung der neuen Ordnung gegen die alte, die, wie in der Vergangenheit, aggressiv versuchen wird, schon jeden Versuch einer alternativen Gesellschaft in der Wiege zu ersticken.«[139]

Zwangsläufig holzschnittartig ist dieser Entwurf eines revolutionären Bruchs mit den kapitalistischen Produktionsverhältnissen und der ersten Schritte in diesen neuen Sozialismus.

138 Ebenda, S. 141f.

139 Ebenda, S. 169.

Doch anders als Alain Badiou sucht Manfred Sohn ernsthaft nach den gültigen Lehren aus Pariser Kommune und Oktoberrevolution für eine Überwindung des Kapitalismus. Deshalb bietet sein Ansatz ernst zu nehmende Anregungen für die weitere Diskussion über Alternativen zur bestehenden Ordnung. Das ist eine Basis für die weiterhin notwendige Auseinandersetzung mit dem Erbe der Pariser Kommune und anderer revolutionärer Bewegungen.

Einige Tipps zum Weiterlesen

Bock, Helmut (2013): Freiheit – ohne Gleichheit? Soziale Revolution 1789 bis 1989. Tragödien und Legenden. Berlin.

Brecht, Bertolt (1985, [1985): Die Tage der Commune. [8. Aufl.]. Frankfurt/M.

Dath, Dietmar (2012): Dietmar Dath zu W. I. Lenin, Staat und Revolution. Hamburg.

Ditfurth, Jutta (2010): Die Himmelsstürmerin. Roman. Überarb. Neuausg. Berlin.

Dittmar, Gérald (2003): Histoire des femmes dans la Commune de Paris. Paris.

Dittmar, Gérald (2008): Histoire de la Commune de Paris de 1871. Paris.

Manfred Kossok (1989): In Tyrannos. Revolutionen der Weltgeschichte – Von den Hussiten bis zur Commune. Leipzig.

Lawrow, Pjotr L. (2003): Die Pariser Kommune vom 18. März 1871. Münster.

Lissagaray, Prosper (1971): Geschichte der Commune von 1871. Frankfurt/M.

Marx, Karl: Der Bürgerkrieg in Frankreich. Adresse des Generalrats der Internationalen Arbeiterassoziation. In: Marx/Engels: Werke (MEW), Bd. 17, S. 313-365.

Marx, Karl / Engels, Friedrich (1971): Tagebuch der Pariser Kommune. Frankfurt/M.

Maschkin, Michail (1982): Die Pariser Kommune 1871. Chronik einer Revolution. Berlin/DDR.